Radulf Simon

ZU HAUSE

Anleitung zum Einbau

novum pro

Dieses Buch ist auch als
e-book
erhältlich.

www.novumverlag.com

© 2021 novum Verlag

ISBN 978-3-99107-830-2
Lektorat: Susanne Schilp
Umschlagfotos: Artinun Prekmoung,
Severija | Dreamstime.com,
depositphotos.com/michaklootwijk,
depositphotos.com/paulvinten
Umschlaggestaltung, Layout & Satz:
novum Verlag
Innenabbildungen:
siehe Bildquellennachweis S. 6

Die vom Autor zur Verfügung gestellten Abbildungen wurden in der
bestmöglichen Qualität gedruckt.

Gedruckt in der Europäischen Union
auf umweltfreundlichem, chlor- und
säurefrei gebleichtem Papier.

www.novumverlag.com

Bibliografische Information
der Deutschen Nationalbibliothek:

Die Deutsche Nationalbibliothek
verzeichnet diese Publikation in
der Deutschen Nationalbibliografie.
Detaillierte bibliografische Daten
sind im Internet über
http://www.d-nb.de abrufbar.

Buchbeschreibung

Mit meinem Buch möchte ich all denen einen Leitfaden an die Hand geben, die die Absicht haben, sich einen „Wellnesstempel" oder auch nur ein Bad oder eine Dusche im eigenen Heim einzubauen.

Inhaltsverzeichnis

Buchbeschreibung   5

Kapitel 1 – Einleitung   13
1.1   Spa-Tag zu Hause: Pflege von Kopf bis Fuß   14

**Kapitel 2 – Planung des
            Wellnessbereichs/Badezimmers**   16
2.1   Anforderungen   16
2.1.1 Besonders wichtig: die Qualität der Sauna   16
2.1.2 Der geeignete Platz für Ihre Sauna   17
2.1.3 Nicht vergessen:
       die benötigten Anschlüsse   18
2.1.4 Sanitär   18
2.1.5 Elektro   18
2.1.6 Heizung   19
2.1.7 Die optimale Größe der Saunakabine   19
2.1.8 Die Auswahl des passenden Saunadesigns   19
2.1.9 Sauna kaufen: Was benötigen Sie
       an Zubehör?   20
2.1.10 Was kostet eine eigene Sauna?   21

Kapitel 3 – Voraussetzungen   22
3.1   Die Abmessungen für die ideale Sauna   22

3.2   Der Saunaboden   22
3.2.1 Begehbare oder ebenerdige Dusche   23
3.2.2 Badewanne zu ebenerdiger Dusche umbauen   24

3.2.3	Duschwanne zu bodengleicher Dusche umbauen	24
3.2.4	Bodengleiche Dusche einbauen	25
3.2.5	Duschrinne: mit Gefälle im Duschboden	25
3.2.6	Wandablauf: weniger Aufbauhöhe	26
3.2.7	Umlaufende Duschrinne	26
Kapitel 4 – Planung		29
4.0.1	Die ersten Schritte zum neuen Wellnessbereich	30
4.0.2	Praktische Tipps für die Badezimmerplanung	31
4.0.3	Passende Materialien wählen	32
4.0.4	Pflanzen für den Wellnessbereich	33
Kapitel 5 – Kostenaufstellung/Budget		34
5.1	Offerten Leistungen	34
5.1.1	Handwerker	34
5.1.2	Modernisierung – diese Dinge können erneuert werden	35
5.1.3	Das Bad in neuem Glanz mit moderner Ausstattung	36
5.1.4	Umbau und Kostenvoranschlag	36
5.1.5	Das Angebot zur Badsanierung	37
5.1.6	Zuverlässigkeit und eingehaltene Fristen	38
5.1.7	Offerten Material	39
5.1.8	Neueste Trends	39
5.1.9	Platzbedarf und Montage	42
5.2	Kosten	43
5.2.1	Was kostet ein neues Bad?	43
5.2.2	Bäder im unteren Preissegment	44
5.2.3	Bäder im mittleren Preissegment	45
5.2.4	Bäder im hohen Preissegment	45
5.2.5	Spartipps für das neue Bad	46
5.2.6	Was kostet eine eigene Sauna?	46

5.3	Budget	47
5.3.1	Neubau oder Umbau	47
5.3.2	Weitsicht beim Neubau	48
5.4	Rechtliches/Organisatorisches	48
5.4.1	Werkvertrag	48
5.4.2	Ab wann gilt ein Werkvertrag?	49
5.4.3	Wie verbindlich sind Online-Offerten?	49
5.4.4	Ist die Mehrwertsteuer automatisch enthalten?	50
5.4.5	Muss ich für die Fahrtkosten aufkommen?	51
5.4.6	Bauwesenversicherung	51
5.4.7	Terminplan	53
5.4.8	Bauzeitenplan	54
5.4.9	Kontaktdaten Beteiligte	54
Kapitel 6 – Externe Beratung	55
6.1	Architekt/Planer	55
6.1.1	Anfragen bei Handwerkern sowie Fachleuten	56
6.1.2	Anfragen im Umfeld	56
Kapitel 7 – Bauablauf	57
7.1	Ausführungsschritte	57
7.1.1	Boden-Abbruch	58
7.1.2	Abbruch bestehender Unterlagsböden	58
7.1.3	Rohinstallation Sanitär	59
7.1.4	Installationswände (Vorwandinstallationen)	59
7.1.5	Rohinstallation Elektro	62
7.1.6	Ausführungsarten	63
7.1.7	Verlegearten	63
7.1.8	Die Elektroinstallation im Badezimmer	64
7.1.9	Fazit	65
7.1.10	Dämmung	65

7.1.11	Installation Fußbodenheizung	68
7.1.12	Warmwasser-Fußbodenheizung	68
7.1.13	Fußbodenheizung mit Noppensystem	71
7.1.14	Handhabung Noppensystem	72
7.1.15	Fußbodenheizung mit Tackersystem	73
7.1.16	Schematischer Aufbau einer Fußbodenheizung	75
7.1.17	Aufbau des Noppensystems und Tackersystems	76
7.1.18	Welches Heizsystem passt zu einer Fußbodenheizung?	77
7.1.19	Heizsysteme für eine Fußbodenheizung:	77
7.1.20	Bodenbelag für Fußbodenheizung	82
7.2	Materialien einer Fußbodenheizung	98
7.2.1	Randdämmstreifen	98
7.2.2	Heizrohr	99
7.2.3	Heizkreisverteiler	99
7.2.4	Funktion Heizkreisverteiler	100
7.2.5	Heizrohre für eine Fußbodenheizung	101
7.2.6	Heizrohre aus Kupfer oder Kunststoff?	102
7.2.7	Heizrohr und Sauerstoff	102
7.2.8	Noppenplatten für Fußbodenheizungen	103
7.2.9	Dämmschicht der Noppenplatte	104
7.2.10	Wärmedurchlasswiderstand von Bodenbelägen	104
7.3	Unterlagsboden	106
7.3.1	Heizestrich für Fußbodenheizungen	106
7.3.2	Anhydritestrich	107
7.3.3	Zementestrich	109
7.3.4	Estrichzusatz	111
7.3.5	Fließestrich für Fußbodenheizungen	112
7.3.6	Aufbau, Handhabung und Dicke des Randdämmstreifens	115
7.3.7	Wassergeführte Fußbodenheizungen	116

7.3.8	Elektrische Fußbodenheizung	116
7.3.9	Trockenestrich	118
7.3.10	Gefälleestrich Dusche	125
7.4	Rohinstallation	129
7.4.1	Rohinstallation Sanitär	129
7.4.2	Rohinstallation Elektro	131
7.5	Abdichtarbeiten	134
7.5.1	Silikonfugen	134
7.5.2	Verbundabdichtungen unter Keramik- und Naturstein	134
7.5.3	Bade- und Duschwannen	136
7.6	Plattenarbeiten	141
7.6.1	Verlegearten für Plattenbeläge	141
7.6.2	Bodenfliesen	143
7.6.3	Wandfliesen	149
7.6.4	Natursteinplatten	153
7.6.5	Mosaik	164
7.7	Schreinerarbeiten	171
7.7.1	Vorbereitung für den Einbau einer Holztür	171
7.7.2	Anarbeitung Sauna	173
7.7.3	Malerarbeiten	173
7.8	Fertiginstallationen	183
7.8.1	Sanitär	183
7.8.2	Elektro	184
7.8.3	Dauerelastische Verfugung	184
Kapitel 8 – Funktionsprüfungen		191
8.1	Elektrik	191
8.1.1	Sanitär	192
8.1.2	Heizung	193

8.2	Abnahme	193
8.2.1	Der Zeitpunkt der Bauabnahme	194
8.2.2	Worauf Bauherren bei der Bauabnahme achten sollten	194
8.2.3	Wenn Mängel auftreten	195
8.2.4	Mängelrüge und Mängelbeseitigung	196
8.2.5	Das muss ins Abnahmeprotokoll	196

Kapitel 9 – Einbau Sauna 200

9.0.1	Sauna für zu Hause – eine Heimsauna einbauen leicht erklärt	200
9.0.2	Der richtige Platz für die Sauna	201
9.0.3	Ausziehbare Sauna	202
9.0.4	Voraussetzungen für den Saunabau	202

Kapitel 10 – Saunanutzung 206

10.0.1	Sauna und Körperpflege:	207
10.0.2	Sauna-Arten	207
10.0.3	Vor dem Sauna-Kauf	209

Kapitel 1

EINLEITUNG

In einen Wellnesstempel abtauchen kann jeder. Doch die wohltuende Entspannung findet sich dort nicht immer. Zu volle Saunen, Unruhe in den Aufenthaltsräumen und kaum Platz im Pool sind nicht selten daran schuld, dass ein Spa-Tag in der Wellnessoase mehr Stress als Erholung bedeutet. Warum also nicht einfach einen Spa-Tag zu Hause einlegen? Im Alltag sind wir nur noch begleitet von technischen Dingen. Das Handy ist immer dabei, PC und iPad lassen uns ständig verbunden sein mit der Welt der Dinge.

Diese ständige Erreichbarkeit wird vielen jedoch zunehmend zur Last. Rastlosigkeit und Unruhe sind häufig die Folge. Umso wichtiger ist es also, sich regelmäßig eine Pause zu gönnen und im wahrsten Sinne des Wortes richtig abzuschalten. Lassen Sie die technischen Geräte ausgeschaltet beim Spa-Tag und legen Sie sie außer Reichweite.

Wann waren sie zuletzt eigentlich so richtig achtsam, konzentriert und ganz bei sich? Überlege, welche Tätigkeit sie erfüllt hat, in welcher Tätigkeit sie voll und ganz aufgegangen sind. Denn dieser Zustand, in der Psychologie auch „Flow" genannt, kommt oft viel zu kurz. Heute keine Lust auf Bewegung? An deinem persönlichen Wellnesstag solltest du ganz auf dein Bauchgefühl hören. Neben Bewegung gibt es viele Aktivitäten, mit denen sie sich in einen Flow versetzen können: Zeichnen und Malen, Lesen oder Musik hören sind gute Möglichkeiten, mit denen Sie in voller Konzentration und gleichzeitig tiefer Entspannung aufgehen können. Schnappen Sie sich also ein Buch, legen sie sich ihre Lieblingsmusik auf oder greifen sie zum Zeichenstift – sie werden merken, wie gut das hilft, vom Alltag Abstand zu gewinnen.

1.1 Spa-Tag zu Hause: Pflege von Kopf bis Fuß

Zu einem richtigen Spa-Tag zu Hause gehört natürlich auch die richtige Körperpflege. Gönnen sie ihrem Körper ein echtes Verwöhnprogramm, angefangen bei einem schönen Schaumbad. Es sorgt für ein angenehmes, prickelndes Gefühl auf der Haut und lässt sie mit angenehmen Düften in eine andere Welt abtauchen – ein Erlebnis für alle Sinne. Das Baden sollten sie an deinem Spa-Tag richtig zelebrieren. Lassen sie sich Zeit, zünden eine Kerze an, entspannende Musik läuft im Hintergrund und für ihre Haut gibt es eine Extraportion Aufmerksamkeit: Während des Bades können sie beispielsweise eine wohltuende Gesichtsmaske auflegen, die hautberuhigend wirkt und sie mit neuem Strahlen aus der Wanne steigen lässt. Auch der Haut an Beinen und Armen können sie während des Badens Gutes tun:

Viele Creme-Öl-Peelings werden auf feuchter Haut aufgetragen und eignen sich deshalb wunderbar für die Anwendung in der Wanne. Einfach Beine und Arme aus dem Wasser strecken, Peeling einmassieren und dann im Badewasser wieder abwaschen. Probieren sie es aus: Ihre Haut ist danach streichelzart.

Der Traum von der eigenen Sauna im Eigenheim oder in der Wohnung muss nicht länger unerfüllt bleiben: Ganz nach dem skandinavischen Vorbild ziehen immer mehr moderne Saunen bzw. ganze Spa-Bereiche in unsere Wohnungen ein. Der Weg zur eigenen Wellness-Oase ist nicht schwer, bedarf aber guter Vorbereitung und Planung. Damit Sie schon im Vorfeld wissen, was bei einem Umbau zur Wohlfühloase sowie beim Saunakauf und -einbau zu beachten ist, haben wir Ihnen einen Überblick über die wichtigsten Punkte zusammengestellt, die bedacht werden sollten.

Kapitel 2

PLANUNG DES
WELLNESSBEREICHS/BADEZIMMERS

2.1 Anforderungen

Sie haben bereits eine favorisierte Sauna-Art gefunden und möchten am liebsten direkt mit Ihrem Bau des Wellnessbereichs loslegen. Bevor Sie sich endgültig zum Kauf entschließen, sollten Sie jedoch genau planen, damit Sie am Ende das optimale Ergebnis erhalten. Wir erklären Ihnen, worauf Sie vor dem Kauf einer Sauna besonders achten sollten und was schon im Vorfeld zu bedenken ist.

1. Die Qualität der Sauna
2. Der geeignete Platz für Ihre Sauna
3. Die benötigten Anschlüsse
4. Die optimale Saunagröße
5. Das passende Saunadesign
6. Das Saunazubehör
7. Ein angemessener Preis

2.1.1 Besonders wichtig: die Qualität der Sauna

Es gibt mehrere Qualitätsmerkmale, auf die Sie Ihr gewünschtes Modell überprüfen sollten:

Stabilität und Stärke der Außenwände: Je stärker die Materialien für die Außenverkleidung ausfallen, desto besser ist die Qualität der Sauna. Achten Sie auf hochwertige Materialien und eine einwandfreie Verarbeitung.

Hochwertige Fertigungsmaterialien sollten darüber hinaus frei von PEG (Konservierungsmittel) sein, um keine Allergien hervorzurufen.

FSC-zertifizierte (internationales Zertifizierungssystem für nachhaltigere Waldwirtschaft) Produkte zeichnen eine kontrollierte Holzherkunft aus, die dem Umweltschutz dient. VDE-Prüfsiegel lassen einen besonders hohen Qualitätsstandard erkennen und stehen für eine sehr gute technische Ausstattung, die ohne Bedenken verwendet werden kann. Sicherheitstüren aus Glas zeugen von Qualität und sorgen für eine erhöhte Sicherheit und sollten daher zur Ausstattung gehören.

Sind Sitz- oder Liegeflächen aus Holz gefertigt, sollte dieses unbedingt hochwertig und splitterfrei sein. Achten Sie auf gute Wärmedämmwerte Ihrer gewünschten Sauna, so können Sie Energie einsparen.

2.1.2 Der geeignete Platz für Ihre Sauna

Ein besonders wichtiger Faktor auf Ihrer Checkliste ist der verfügbare Platz in Ihrer Wohnung oder Ihrem Haus.

Danach richtet sich nicht nur die Wahl Ihrer Sauna, sondern auch die des passenden Modells. Stimmen Sie vorher alle Maße genau ab und lassen Sie sich bei Unsicherheiten vorher von einem Fachmann beraten.

Durch langjährige Erfahrungen erkennen diese Spezialisten sofort einen geeigneten Platz für eine Sauna und informieren Sie über die Möglichkeiten in Ihren eigenen vier Wänden. Saunen sind natürlich auch als individuelle Maßanfertigungen erhältlich.

Bedenken Sie bei der Wahl des Platzes für Ihre Sauna, dass diese nicht nur in der Größe an den gewählten Platz passt, sondern auch optisch.

Die optimale Lage sollte Ihnen beides bieten: optimale Raumnutzung und ein schönes Highlight. Unser Tipp: Beachten Sie außerdem, ob sich die Dusche in der Nähe der Sauna befindet und sorgen Sie so schon im Vorfeld für den optimalen Komfort nach dem Saunagang.

2.1.3   Nicht vergessen: die benötigten Anschlüsse

Bei einer Sauna werden bestimmte Anschlüsse benötigt. Von einer Fachkraft erhalten Sie dabei die nötige Hilfe und Beratung. Diese klärt Sie vorher genau darüber auf, was genau erforderlich ist. Je nach Gegebenheiten kann die Sauna natürlich auch individuell angepasst werden, so dass in jedem Fall eine optimale Lösung für die Lage und Anschlüsse gefunden wird.

2.1.4   Sanitär

Es werden die Warm- und Kaltwasseranschlüsse für die Wasserzuleitungen für die Dusche, die Wanne und für Waschbecken benötigt. Das WC benötigt ebenso einen Wasseranschluss wie auch ein evtl. einzubauendes Bidet.

Gleichfalls braucht es für die vorgehend erwähnten Einrichtungen auch die notwendigen Abwasserleitungen bzw. Anschlüsse.

2.1.5   Elektro

Auch für die Elektroeinbauten wie Schalter, Steckdosen, Beleuchtung, Saunaanschluss und Spiegelschrank werden Anschlüsse benötigt. Wollen Sie auch noch eine Musikanlage in den Wellnessbereich integrieren, ist zu bedenken, wo die Leitungen und die Lautsprecher angebracht werden sollen.

2.1.6 Heizung

Für die Heizleitung werden je nach Heizungsart ebenfalls Anschlüsse benötigt. Entweder muss die Leitung an die bestehende Heizung angeschlossen werden oder der Leitungsanschluss wird bei einer neu zu verlegenden Bodenheizung an einen Heizkreisverteiler angeschlossen.

2.1.7 Die optimale Größe der Saunakabine

Prüfen Sie genau, ob die von Ihnen angepeilte Größe wirklich ausreicht. Damit Sie richtig entspannen können, ist es wichtig, dass Sie sich in Ihrer Sauna nicht eingeengt fühlen. Bei der Wahl der optimalen Saunagröße ist außerdem zu beachten, ob Sie ausschließlich allein saunieren möchten oder dies auch gerne in Gesellschaft von Familie oder Freunden tun.

Achten Sie darauf, dass Sie sich frei bewegen und sich bequem hinlegen können. Machen Sie sich am besten maßstabgetreue Skizzen vom Raum und von den gewünschten Einbauten und wählen Sie die gewünschte Anordnung aus. Auch im Web werden Sie bestimmt fündig bei der Suche nach einem Einrichtungsprogramm oder einer passenden App.

2.1.8 Die Auswahl des passenden Saunadesigns

Hier sind Ihrem Geschmack keine Grenzen gesetzt, aber achten Sie im Vorfeld des Kaufes darauf, dass sich das gewünschte Design optisch perfekt in Ihre Raumgestaltung integriert. Damit eine Sauna im Innenbereich optimal zur Wirkung kommt, sollte sie ein Design-Highlight sein, das Ihren persönlichen Stil unterstreicht, aber dabei nicht zu sehr im Vordergrund steht.

Hier können Sie z. B. aus unterschiedlichen, stilvollen Glasfronten wählen, die besonders luxuriös und edel wirken. Natürliche Holzelemente treffen auf extravagante Details.

Wenn Sie es typisch finnisch mögen, sind verschiedene klassische Holzdesigns die richtige Wahl für Sie. Ob auffällig oder in der klassischen Optik:

Sie können eine Sauna ganz nach Ihrem Belieben auswählen.

2.1.9 Sauna kaufen: Was benötigen Sie an Zubehör?

Vor dem Kauf müssen Sie natürlich auch an das benötigte Zubehör denken, damit Sie Ihre neue Sauna angemessen nutzen können und keine Wünsche offenbleiben.

Zu möglichem Saunazubehör zählen z. B. die unterschiedlichen Saunaöfen, Steuergeräte und Feuchtesensoren, die Ihren Saunagang erst vollständig machen.

Integrierte Musikanlagen oder farbige Beleuchtungen sind ebenfalls in vielen Variationen erhältlich.

Sie finden bei zahlreichen Händlern eine breite Auswahl an hochwertigem Zubehör. Ebenfalls werden Sie dazu beraten, welcher Saunaofen sich bei Ihrem Wunschmodell anbietet und welches Steuergerät Ihren Wünschen am besten entspricht.

2.1.10 Was kostet eine eigene Sauna?

Welcher Preis für eine eigene Sauna zu zahlen ist, lässt sich nicht allgemein beantworten.

Der Preis richtet sich sowohl nach dem gewünschten Modell, den verwendeten Materialien, der Größe, den mehr oder weniger luxuriösen Details und selbstverständlich der Hochwertigkeit.

Natürlich hat eine gute Sauna ihren Preis, jedoch sollten Sie hier bedenken, dass eine Sauna eine Investition ist, die sowohl Ihr Haus als auch Ihre Wohnung enorm aufwertet. Sie investieren in Ihre Zukunft: Nicht nur der Wert Ihres Hauses steigt mit dem Einbau einer eigenen Sauna, sondern auch Ihr eigenes Wohlbefinden.

Eine qualitativ hochwertige Sauna kommt von einem Spezialisten, der sich dadurch auszeichnet, dass auch für eine fachgerechte Installation und Inbetriebnahme der Sauna gesorgt ist. Wir empfehlen Ihnen, die Montage der Sauna ausschließlich von Fachpersonal durchführen zu lassen, so dass nichts mehr schiefgehen kann.

Kapitel 3

VORAUSSETZUNGEN

3.1 Die Abmessungen für die ideale Sauna

Die ideale Höhe der Sauna liegt bei rund 210 Zentimetern. Dabei handelt es sich um die Außenabmessung. Der Raum, in dem Sie Ihre Sauna einbauen möchten, sollte jedoch mindestens 20 Zentimeter höher sein als die eigentliche Saunakabine.

Das Kabel, das für den Strom benötigt wird, wird direkt an die Technik angeschlossen und liegt meist auf einer Höhe von rund 220 Zentimetern auf dem Saunadach. Um die Anschlüsse über der Sauna einbauen zu können, sollten Sie ausreichend Platz zwischen Decke und Oberkante der Sauna haben.

Darüber hinaus hat das Kabel ein freies Ende von rund 6 Metern. Zudem muss eine Sauna immer gut hinterlüftet sein, um die Bildung von Kondenswasser zu vermeiden. Aus diesem Grund empfiehlt sich ein Abstand von der Wand von rund 5 Zentimetern.

3.2 Der Saunaboden

Der Boden der Sauna spielt eine wichtige Rolle. Dieser muss in jedem Fall plan und mit der Wasserwaage ausgerichtet sein. Plan heißt: Er darf keine Unebenheiten haben.

Zudem muss er sich feucht reinigen lassen können. Verwendet werden daher vor allem Naturstein- oder Keramikplatten. Bedingt kann es auch ein versiegelter Holzboden oder sogar Korkboden sein.

Bevor man sich für ein Sauna-Modell entscheidet, sollte man daher in jedem Fall einen Profi zu Rate ziehen. Dieser wird Sie nicht nur beraten, sondern auch bei der Planung helfen. Suchen Sie noch nach den geeigneten Modellen, empfehlen wir Ihnen, sich bei einer Fachfirma kompetent beraten zu lassen. Viele Lieferanten bieten Ihnen eine unverbindliche Beratung und Planungshilfe an.

Vor allem die Abstände und Abmessungen müssen beim Sauna-Einbau beachtet werden, denn nur so ist am Ende auch eine optimale Funktion zu erwarten.

3.2.1 Begehbare oder ebenerdige Dusche

Ob man vorausschauend ein barrierefreies Bad möchte oder einfach nur mit dem Trend gehen will:

Ebenerdige Duschen sind beim Neubau mittlerweile die erste Wahl. Doch wie verhält es sich im Bestand? Wer seine alte Duschkabine oder Wanne ersetzen und nachträglich eine bodengleiche Dusche einbauen möchte, muss einiges bedenken.

Was gibt es zu beachten beim Einbau einer ebenerdigen Dusche?

1. Die Aufbauhöhe des Bodens muss ausreichend sein.
2. Sie benötigen einen Warm- und Kaltwasseranschluss für die Armaturen.
3. Es muss eine Abflussleitung verfügbar sein oder eine Abflussleitung mit ausreichend Gefälle eingebaut werden können.

Während man den Wasseranschluss und die Abflussleitungen an bereits bestehende sanitäre Anlagen im Bad anschließen kann, stellt die Aufbauhöhe meist das größere Problem dar:

Im Neubau haben wir meist einen höheren Bodenaufbau und können alle technischen Leitungen zielorientiert verlegen.

Im Altbau ist aufgrund der geringeren Aufbauhöhe die Montage problematischer; hier sind oft individuelle Lösungen gefragt.

Unter der Aufbauhöhe versteht man die Stärke des Bodens mit all seinen konstruktiven Schichten, beginnend bei der Rohdecke oder dem Rohboden über Isolierung und Estrich bis hin zum Bodenbelag, bei dem es sich im Bad meist um Fliesen handelt.

Auch zusätzliche technische Einbauten, wie beispielsweise eine Fußbodenheizung, sind Teil dieses Aufbaus.

Je nach Einbauvariante der ebenerdigen oder barrierefreien Dusche sind unterschiedliche Aufbauhöhen nötig – dazu später mehr.

3.2.2 Badewanne zu ebenerdiger Dusche umbauen

Eine ebenerdige und damit barrierefreie Dusche statt der alten Badewanne? Dies ist relativ einfach, denn der Ablauf sowie die Kalt- und Warmwasserleitungen sind bereits gegeben.

Da in der Dusche die Greifhöhe anders ist, müssen die Anschlüsse nur höher verlegt und gegebenenfalls der Ablauf verändert werden. Da der Wasserablauf nun unterhalb der obersten Bodenaufbauschicht verlegt werden muss, ist die Frage entscheidend, ob die Aufbauhöhe dafür ausreicht.

Hierzu sollten Sie einen sachkundigen Sanitärinstallateur befragen, er wird Sie gern beraten.

3.2.3 Duschwanne zu bodengleicher Dusche umbauen

Gerade in kleinen, mit einer klassischen Duschkabine ausgestatteten Schlauchbädern gewinnt man durch den Einbau einer ebenerdigen Dusche viel Bewegungsfreiheit.

Da die Wasseranschlüsse vorhanden sind, ist auch hier die Aufbauhöhe des Bodens der Knackpunkt. Man findet die Aufbauhöhe in vielen Fällen in den Bauzeichnungen des Gebäudes. Wenn Ihnen diese nicht zur Verfügung stehen, beauftragen Sie am besten einen Experten (Handwerker oder Ingenieur) damit, die Aufbauhöhe durch eine Bohrung festzustellen. Spätestens beim Herausnehmen der alten Sanitäreinrichtung wird die zur Verfügung stehende Höhe offenbar werden.

3.2.4 Bodengleiche Dusche einbauen

– Einbau in bestehendes Bad

Relativ selten ist es der Fall, dass eine ebenerdige Dusche zusätzlich in ein bestehendes Bad eingebaut werden soll. Trotzdem ist dieser Wunsch realisierbar, besonders dann, wenn in der Nähe des geplanten Duschelements eine Badewanne steht. Deren Wasserleitungen lassen sich bis zur geplanten Dusche verlängern, und in der Regel können Sie auch den Abfluss der Wanne mitnutzen.

Ob Sie nun eine Wanne ersetzen, ihre Duschtasse austauschen oder eine bodengleiche Dusche völlig neu einbauen wollen – auf dem Weg zum barrierefreien Bad stehen Ihnen diese Einbaumöglichkeiten zur Verfügung.

Allerdings ist auch hier darauf zu achten, dass die Leitung ein ausreichendes Gefälle aufweist.

3.2.5 Duschrinne: mit Gefälle im Duschboden

Bei den Systemen, die geringe Aufbauhöhen von mindestens 65 Millimeter verlangen, muss man fast immer noch ein Gefälle von mindestens 1,5 bis 2,0 Prozent Zentimetern dazurechnen.

Die Angaben beziehen sich hier häufig nur auf den Abstand von Betonboden bis zur Oberkante der Duschrinne.

3.2.6 Wandablauf: weniger Aufbauhöhe

Mit einem Wandablauf kann man die Höhe der Konstruktion etwas verringern: Der Wandablauf wird teilweise hinter der Wand in die Höhe verbaut, wodurch man weniger Aufbauhöhe als bei einem Punktablauf oder einer Rinne benötigt.

3.2.7 Umlaufende Duschrinne

– ohne Gefälle im Duschboden

Ganz ohne Gefälle kommt dagegen eine Konstruktion mit umlaufender Duschrinne aus. Das Duschelement hat im absolut optimierten Fall mit 40 Millimetern Tiefe plus circa 5 Millimetern für den Bodenbelag theoretisch die geringste Aufbauhöhe, da es völlig plan ist.

An der Stelle, wo der Siphon verbaut wird, braucht man allerdings zusätzliche 10 Zentimeter. In den meisten Systemen werden Siebe verbaut. Dieser Siphon ist aber extra groß, so dass kein Sieb benötigt wird. Haare und Schmutzwasser laufen einfach ab. Ein solcher Siphon kann – beispielsweise bei einer Holzkonstruktion – zwischen den Tragbalken oder in eine kleine, in den Beton gebohrte Aussparung verlegt werden.

Reicht die Aufbauhöhe nicht, gibt es Tricks, mit denen man seinen Traum von einer ebenerdigen Dusche dennoch verwirklichen kann: Wo ein Wille ist, ist auch ein Weg! Bei kniffeligen Projekten ist es sinnvoll einen Sanitärfachmann zu Rate zu ziehen.

In Altbauten, wo der Bodenaufbau meist nicht mehr als 5 Zentimeter beträgt, ist dies häufiger nötig. Welche Alternativen gibt es bei zu geringer Aufbauhöhe?

– Flache Duschtasse

Alternativ zur gefliesten bodengleichen Dusche ist der Einbau einer flachen Duschwanne aus Stahlemaille oder Acryl möglich.

Diese ist zwar nicht völlig barrierefrei, erlaubt durch die leicht erhöhte Tasse aber den Einbau von Abwasserleitungen in den Boden.

Es gibt Hersteller, die bieten zum Beispiel flache Duschwannen ohne Tritthöhe und Gefälle für den Ablauf in der Mitte oder an einer Seite an. Diese Duschwannen werden dann automatisch mit dem Gefälle in Form gedrückt und müssen nur noch eingebaut werden. Stahlemaille ist allerdings ein dünner Bodenbelag, der auf ein Ständerwerk gelegt wird und nicht dieselbe Festigkeit wie ein gefliester Boden besitzt.
Einbau einer Stufe oder Ebene
Eine weitere Lösung mit relativ geringem Aufwand ist der Einbau einer Stufe oder eines Podestes. Hier rate ich dazu, eher ein ganzes Podest einzuplanen oder sogar die Hälfte des Bades zu erhöhen.

Das sieht optisch schöner aus und wirkt nicht wie eine Notlösung. Im Rahmen einer Komplettsanierung des Bades könnte man auch den gesamten Boden erhöhen – und dann eine ebenerdige Dusche einbauen. Bei dieser Ausführung hat man dann allerdings eine Stufe in den Raum.

– Abläufe eine Etage tiefer verlegen

Gar nicht so selten werden Ablauf und Siphon einfach in der Etage unter dem Bad verlegt. Wenn sich das Bad im Erdgeschoss befindet und darunter der Keller liegt, stellt das eine gute Lösung dar.

Ist das Badezimmer allerdings im Obergeschoss, kann dies schon schwieriger sein. Hier könnte man zum Beispiel durch einen Abstellraum gehen, dort die Leitungen verlegen und die Raumecke abkasten. Schwierig wird es, wenn unter einer Privatwohnung eine Mietwohnung liegt. In diesem Fall kann man die Leitungen natürlich nicht einfach eine Etage tiefer verbauen.

– *Pumpe*

Wenn es nicht möglich ist, mit der Konstruktion in das darunterliegende Geschoss auszuweichen, wäre neben dem Einbau eines Podestes der einer Abwasserpumpe eine Alternative.

Diese pumpt das Abwasser zu einem in der Wand verbauten, höher liegenden Abfluss. Ebenerdige Duschen mit diesem System erfordern jedoch wesentlich kürzere Wartungsintervalle. Die Säuberung der Pumpe muss mindestens alle zwei bis drei Monate vorgenommen werden.

Wer eine bodengleiche Dusche im Bestand einbauen möchte, wird dies entweder im Rahmen einer Teil- oder einer Komplettsanierung des Bades tun. Will man nur das Duschelement sanieren, sollte man den Bereich etwas großzügiger herausnehmen und, soweit möglich, in den Fugen der vorhandenen Fliesen einen sauberen Schnitt setzen.

Kapitel 4

PLANUNG

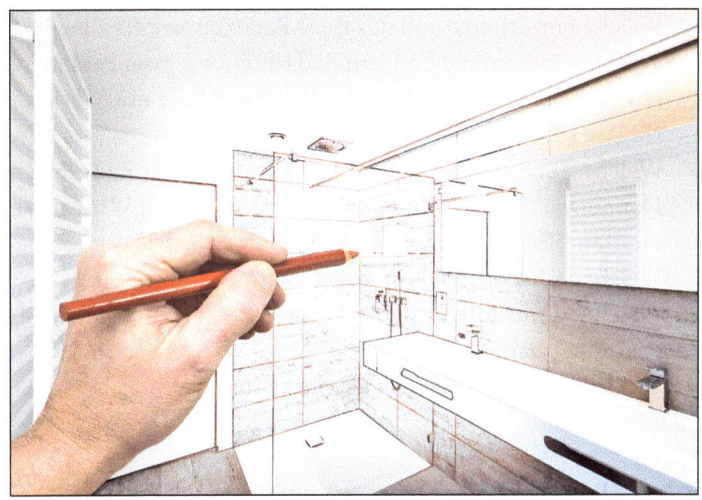

Wer ein neues Badezimmer oder einen Wellnesstempel plant, sollte sich vor allem mit seinen Bedürfnissen und Wunschvorstellungen befassen.

Häufig wird eine großzügige Wohlfühloase gewünscht. Vielleicht auch mehrere Badezimmer für mehrere Personen, die möglichst an den Schlafraum oder den Ankleideraum angrenzen.

Investitionen ins Badezimmer sollten gut geplant sein, denn die Nutzung des Badezimmers wird bis zu 15 Jahre dauern, bevor es wieder renoviert wird.

Die folgenden Punkte sollten Sie bei der Planung eines neuen Badezimmers klären:

» Wie viele Personen nutzen das Bad oder den Wellnessbereich regelmäßig?
» Wie könnte die Familiensituation in einigen Jahren oder Jahrzehnten aussehen?
» Wie lange halten Sie und die weiteren Bewohner sich täglich im Bad auf?
» Welche Funktionen soll das neue Badezimmer erfüllen?
» Wird es ein Familienbad, ein Bad für ein bis zwei Personen, ein Gästebad oder -WC, ein Wellnessbad oder ein barrierefreies Bad?
» Welche Ausstattung wünschen Sie sich für Ihr Bad? Einen Doppelwaschtisch, eine Eckbadewanne, einen Whirlpool, ein Dampfbad, einen Schminkbereich etc.?
» Welche Stilrichtung bevorzugen Sie?
» Welche Materialien und Farben möchten Sie in Ihrem Badezimmer haben?
» Wie soll die Beleuchtung aussehen?

4.0.1 Die ersten Schritte zum neuen Wellnessbereich

Der Einbau von Wellnesszonen ist in nahezu jedem Haus möglich. Es befinden sich fast in jedem Haushalt Räume, die bisher wenig oder gar nicht genutzt wurden und die zu einem Wellnessbereich umgebaut werden können.

» Persönliche Vorbereitung: Informieren Sie sich im Fachhandel, besuchen Sie Bad-Fachausstellungen oder Baumessen und lassen Sie sich durch Beispiele inspirieren.
» Grundriss-Zeichnung: Erstellen Sie eine möglichst maßstabgerechte Grundrisszeichnung des gewünschten Badezimmers. Beachten Sie die Positionen von Fenstern und Türen

sowie eventuell bereits vorhandene Anschlüsse für Wasser oder Strom und Abläufe

» Kostenplanung: Legen Sie von vornherein ein Budget fest. Planen Sie Reserven ein, damit anfällige Änderungen nicht Ihren finanziellen Rahmen sprengen.

» Professionelle Planung: Ziehen Sie eine Bad-Fachperson hinzu und klären Sie mit ihr ab, ob Ihre Vorstellungen Ihres Traumbades mit Ihrem Budget vereinbar und realisierbar sind.

» Lassen Sie sich Badezimmer-Entwürfe erstellen.

4.0.2 Praktische Tipps für die Badezimmerplanung

1. Planen Sie ein Bad mit Fenster, da ein Raum mit Tageslicht wohnlicher wirkt, außerdem ist eine bessere Lüftung des Raumes möglich.

2. Halten Sie vor der Dusche und den Möbeln so viel Platz frei, dass Sie Türen und Schubladen gut öffnen können und dass Sie bequem hindurchlaufen können. Es ist nicht ratsam, alles zu eng anzuordnen, so dass Sie sich nicht mehr richtig bewegen können.
Offene Regale und Schiebetüren sparen Platz. Verzichten Sie lieber auf den einen oder anderen Einrichtungsgegenstand, als dass Sie ihn in den Raum reinquetschen.

3. Installieren Sie wassersparende Armaturen, die auch eine gute Funktionalität besitzen.

4. Sorgen Sie für eine helle, möglichst schattenlose Beleuchtung. Eine gute Ausführung wäre zum Beispiel, mit Spots zu arbeiten, die in die Decke integriert werden und die auch dimmbar sind.

5. Denken Sie daran, dass Sie auch älter werden. Befestigen Sie Haltegriffe in der Dusche und neben der Badewanne, damit Sie auch später noch bequem und sicher duschen bzw. baden können. Wählen Sie einen rutschsicheren Bodenbelag für Ihre Dusche. Lassen Sie sich hierzu vom Plattenleger beraten.

4.0.3 Passende Materialien wählen

– *Glas*

Glas ist durch seine porenfreie Oberfläche hygienisch und pflegeleicht. Es wird vom Waschtisch über Duschen bis zu Regalen und Wandverkleidungen eingesetzt.

– *Holz*

Eine Holzverkleidung mit hinterlüftetem Unterbau verleiht dem Badezimmer ein warmes Ambiente: Holz ist widerstandsfähig und fühlt sich auch für nackte Füsse angenehm an.

– *Keramik*

Keramik ist alterungsbeständig und sehr hygienisch. Als Wand- und Bodenbelag sind keramische Fliesen in den verschiedensten Größen, Farben und Formen erhältlich.

– *Linoleum*

Linoleumböden sind sehr pflegeleicht und weniger kalt als Steinböden.

– *Edelstahl*

Edelstahl verleiht dem Badezimmer Glanz: Das Material ist widerstandsfähig und wird vor allem für polierte oder strukturierte Oberflächen verwendet.

– *Naturstein*

Naturstein wie beispielsweise Marmor, Granit, Schiefer oder Travertin wird gerne gewählt, um einen besonderen Akzent zu setzen. Glatte Oberflächen sind einfacher zu reinigen.

– Kunststoff

Wand- und Bodenbeläge aus Kunststoff gelten als pflegeleicht, da sie porenfrei und wasserfest ist.

4.0.4   Pflanzen für den Wellnessbereich

Im warmen Badezimmer mit hoher Luftfeuchtigkeit fühlt sich eine große Zahl tropischer Pflanzen wohl.

Wichtigster Faktor für die Auswahl ist das Licht: Wenn ein Badezimmer nur ein kleines Fenster besitzt, nimmt die Helligkeit bis zur Raummitte rapide ab.

Hier helfen Pflanzenleuchten, die direkt über der Pflanze installiert werden. Generell gilt: Je dunkler die Blätter, desto weniger Licht benötigt die Pflanze. Bei bunten oder auffällig gekennzeichneten Blättern sollte man einen hellen Standort wählen.

Kapitel 5

KOSTENAUFSTELLUNG/BUDGET

5.1 Offerten Leistungen

5.1.1 Handwerker

Die Badsanierung ist ein teures Vergnügen, gerade bei großen Umbauten ist keine Grenze nach oben gesetzt.

Bevor ein Plan für die Sanierung gemacht wird, sollte zunächst einmal ein Budget festgelegt werden. Das Budget muss nicht zwingend großzügig angelegt sein.

Denn auch mit einem kleinen Budget lassen sich erste Veränderungen schaffen. Wichtig ist jedoch, dass Sie sich über die einzelnen Posten im Klaren sind und erst nach der Festlegung des Budgets die Planung der Modernisierung beginnen. Das Budget können sie dann später für die einzelnen Posten aufteilen. Denn es gibt reichlich Dinge, in die sich Geld investieren lässt.

Neben der Ausstattung fallen bei einer Badsanierung weitere Kosten an. Dazu zählen unter anderem die Planer- und Handwerkerkosten sowie die Kosten für Materialien. Auch wenn Sie viele Arbeiten in Eigenregie erstellen, das Material hierzu muss ebenfalls im Budget enthalten sein.

Dies sind Kosten, die zusätzlich entstehen, und mit in das Budget einkalkuliert werden. Auch sollten sie in den Kostenvoranschlägen der verschiedenen Gewerke wiederzufinden sein.

Bei den Handwerkerkosten sind es vor allem die Stundensätze, die zu Buche schlagen.

Je nachdem wie viele Handwerker an dem Projekt arbeiten und auf wie viele Stunden das Projekt angelegt ist, können die Handwerkerkosten womöglich das Budget sprengen.

Gut ist es daher, sich nicht nur die Arbeitszeiten, sondern ebenfalls die Anzahl der Handwerker auflisten zu lassen.

5.1.2 Modernisierung – diese Dinge können erneuert werden

Zunächst einmal wäre da die Ausstattung, zu der unter anderem die Toilette, das Waschbecken, die Dusche und die Badewanne zählen.

Allein diese Ausstattungsgegenstände können schnell und relativ kostengünstig ausgetauscht werden. Ebenfalls kann die Ausstattung des Badezimmers erweitert werden. So kann beispielsweise eine Badewanne entfernt und dafür eine Dusche neu eingebaut oder ein zweites Waschbecken gesetzt werden.

Auch die Dusche kann vergrößert werden. Dinge wie die Wasserhähne oder die Vorrichtung der Dusche oder der Spülkasten können ausgetauscht werden.

Die meisten Ausstattungsgegenstände finden sich auch im Baumarkt. Wer Kosten sparen möchte, der kann die gewünschten Gegenstände selbst kaufen.

Dann muss vom Handwerker nur noch die Montage vorgenommen werden – wenn sich ein Handwerker findet, der diese Gegenstände dann auch einbaut.

Ohne Gewinn am Material müsste eine Handwerkerstunde deutlich teurer sein. Außerdem muss der Fachmann die Gewährleistung für seine Arbeit übernehmen – auch bei Ware, die nicht von ihm ist.

Das Gleiche gilt für die Fliesen, die elektrischen Einrichtungen, die zusätzlichen Einbauten sowie die anderen Gewerke.

5.1.3 Das Bad in neuem Glanz mit moderner Ausstattung

Neben diesen oberflächlichen Dingen kann der Raum von Grund auf neu gestaltet werden. So können die Fliesen ersetzt und die Wände und Decke neu verputzt oder gestrichen werden. Bei einer grundlegenden Renovierung ist eine Vielzahl von unterschiedlichen Posten einzukalkulieren. Dies sind z. b. die Farbe oder der Fliesenkleber, die vielleicht anteilig auf der späteren Rechnung vermerkt werden. Alles das sind Dinge, auf die eingegangen werden muss.

5.1.4 Umbau und Kostenvoranschlag

Ratsam ist es, sich vor jeder geplanten Renovierung verschiedene Kostenvoranschläge einzuholen, so kann man sich sicher sein, dass man sich für das richtige Angebot entscheidet. Nicht nur im Preis, sondern auch in den aufgelisteten Inhalten unterscheiden sich die Angebote mitunter.

Daher sollten nicht nur die Preise, sondern auch die Leistungen miteinander verglichen werden. Vielleicht ist der Preis in einem Angebot höher, dafür sind die Leistungen jedoch besser.

Auch kann nach dem Erhalt eines Kostenvoranschlags jederzeit Rücksprache mit dem Handwerksbetrieb gehalten werden. Bevor dem Auftrag zugestimmt wird, sollten auf jeden Fall alle offenen Fragen geklärt sein, damit es später zu keinen Unstimmigkeiten kommt.

– Gestaltungsideen für das Badezimmer

Im Raum stehen nicht nur Fragen zur ästhetischen Gestaltung, sondern es muss ebenfalls auf die Nutzung eingegangen werden.

Ein wichtiger Punkt ist die barrierefreie Einrichtung eines Badezimmers. Eine Badsanierung ist mitunter mit hohen Kosten verbunden und sollte daher nicht zum jährlichen Projekt werden. Wenn bereits mit dem Gedanken gespielt wird, das Badezimmer barrierefrei zu gestalten, dann ist jetzt genau der richtige Zeitpunkt, um sich mit dieser Idee auseinanderzusetzen.

Für eine barrierefreie Gestaltung gilt es, weitere Punkte in einem Kostenvoranschlag zu beachten. So sollten nicht nur alle Gestaltungspunkte übernommen werden, sondern ebenfalls die zusätzlich benötigten Materialien aufgelistet sein.

Zu diesen Materialien zählen unter anderem Griffe, die zusätzlich eingebracht werden müssen, oder ein rutschsicherer Bodenbelag.

5.1.5 Das Angebot zur Badsanierung

Unterschiedliche Betriebe erstellen unterschiedliche Preise. Nicht nur in ihrer Gestaltung, sondern allem voran in ihrer Ausführlichkeit unterscheiden sie sich.

Während auf manchen Übersichten nur der Gesamtpreis knapp vermerkt ist, bieten andere Firmen ausführliche Auflistungen an.

Wichtig ist zunächst einmal, dass die Materialkosten von der Arbeitszeit gesplittet sind. Auch sollte die Anzahl der Arbeiter angegeben sein. Dabei ist es wichtig, dass ein Stundensatz pro Handwerker vermerkt ist. Auch bei den Materialien ist es gut, wenn sie genau aufgelistet sind.

Ebenfalls sollte jede vereinbarte Leistung vermerkt sein. Vollständigkeit ist ein wichtiges Kriterium, das unbedingt eingehalten werden muss. Es sollten auch erste Hinweise zur Bezahlung vermerkt werden. Ist bereits ein Betrag in Vorkasse zu leisten? Wie hoch ist die Vorkasse? Welche zusätzlichen Kosten fallen an?

Handelt es sich um ein festes Angebot oder werden mögliche Überstunden noch dazugerechnet? Alle diese Fragen sollten im Vorfeld geklärt werden, ehe die Entscheidung getroffen wird.

Ein weiterer Punkt ist die Anfahrtspauschale, die von vielen Unternehmen veranschlagt wird und manchmal nicht im Angebot vermerkt ist. Daher sollte auf jeden Fall, wenn diese nicht vorhanden ist, nachgefragt werden. Manche Unternehmen haben eine fixe Pauschale, während andere Firmen pro Kilometer abrechnen. Neben der Anfahrt kann ebenfalls die Vollständigkeit des Kostenvoranschlags erfragt werden, um mögliche versteckte Kosten aufzudecken

5.1.6 Zuverlässigkeit und eingehaltene Fristen

An der Erstellung des Kostenvoranschlags lässt sich ebenfalls die Zuverlässigkeit des entsprechenden Betriebs bemessen. Sind erste Aussagen ungenau oder dauert es womöglich Monate, bis ein erster Entwurf zugesendet wird, so kann anhand dieser Zeichen auf eine mangelnde Zuverlässigkeit geschlossen werden. Das kann bereits ein schlechter Vorbote für eine wohl nicht so gute Zusammenarbeit sein. Ebenfalls sollte die Erreichbarkeit gesichert sein. Ist der Betrieb beziehungsweise der entsprechende Handwerker kaum zu erreichen, so können sich die späteren Umbauarbeiten problematisch gestalten.

Der Handwerker sollte sich vor Abgabe seines Angebotes über die gegebenen Örtlichkeiten informiert haben, um seine Offerte so genau wie möglich erstellen zu können.

Der erste Entwurf sollte schriftlich formuliert werden. Zwar kann der Handwerker bereits bei dem Gespräch nach möglichen Preisen gefragt werden, jedoch sollte davon abgesehen werden, den Preis und die Konditionen ausschließlich mündlich anzufragen.

Besser ist es, ein schriftliches Angebot in den Händen zu halten. Der schriftliche Entwurf fasst nicht nur die wichtigsten Punkte zusammen, sondern dient dem Kunden als Überblick, auf dem alle Informationen mit Preisen aufgeführt sind.

Ebenfalls sollte das Angebot ein Zahlungsziel enthalten und auf eine mögliche Vorkasse hinweisen. In Vorkasse zu treten kann gerade bei größeren Beträgen vorkommen, da der Betrieb einige Unkosten hat, zu denen unter anderem das Material zählt, ehe die Arbeit absolviert wird.

5.1.7 Offerten Material

Wollen Sie selbst einen Teil der Bauarbeiten oder alles in Eigenregie ausführen, so wäre es ratsam, diese Arbeiten zu notieren und eine genaue Auflistung der erforderlichen Materialien aufzustellen.

Anhand dieser Aufstellung sollten Sie sich eine Offerte von mehreren Baustoffhändlern erstellen lassen, um diese dann zu vergleichen und Ihren Offerten hinzuzufügen, um eine genaue Aufstellung der Kosten zu haben.

Die meisten Baustoffhändler beraten Sie gerne und können Ihnen sinnvolle Alternativen aufzeigen sowie günstige Objektkonditionen anbieten. Sie werden Ihnen gerne eine Materialofferte für Ihre Baustelle ausarbeiten.

5.1.8 Neueste Trends

Die aktuellen Badezimmer von Schweizer Bauherren sind schlicht, pflegeleicht und bedienungsfreundlich.

– Badtrend 1: Schlicht

Was das Design von heutigen Badezimmern angeht, ist weniger mehr. Denn der Trend geht hin zu einfachen, zurückhaltenden und reduzierten Looks.

Besonders beliebt sind Badmöbel und Bade-Accessoires in „iPhone" -Form. Die abgerundeten Ecken nehmen dem ansonsten puristischen Aussehen die Härte. Bei den Materialien ist Natürlichkeit angesagt:

Böden in Keramik oder Naturstein oder zumindest in der Optik derselben. Dazu passen natürliche Farben, die ein Gefühl von Wärme und Behaglichkeit vermitteln.

– Badtrend 2: Pflegeleicht

Bloß nicht zu viel schrubben! Nicht nur, weil es Schöneres gibt, sondern auch, weil die Hygiene hierzulande etwas zu großgeschrieben wird: In ihrem Eifer nach Sauberkeit haben viele Menschen essighaltige Putzmittel verwendet, die die zementösen Fugen zwischen den Platten aufgelöst haben.

Die Folge: Feuchtigkeit konnte eindringen, so dass sich Schimmel gebildet hat. Mehrkosten entstanden, weil diese Bereiche wieder aufwendig saniert werden mussten.

Vielleicht ist dies der Grund, weshalb sich gerade im Duschbereich eine möglichst fugenlose Gestaltung durchgesetzt hat:

Der Putzaufwand ist geringer und der Schaden, den man anrichten kann, auch.

– Badtrend 3: Benutzerfreundlich

Die aktuellen Badezimmer sollen einfach ausgestattet sein. Armaturen, Duschen und Badewannen sollen einfach bedienbar sein. Das heißt: möglichst wenige Hebel und kein elektronischer Schnickschnack.

Wie wohltuend das ist, wissen alle, die schon einmal in einer Dusche mit zig Bedienmöglichkeiten gestanden sind und es nur mit Mühe fertigbrachten, überhaupt das Wasser anzustellen.

Die richtige Höhe: Die Duschen von heute sind bodeneben. Toilette und Waschtisch sind punkto Höhe so angebracht, dass sie ergonomisch nutzbar sind.

– Badtrend 4: WC wird vom Bad getrennt

Wer kennt das nicht: Man möchte sich vor dem Ausgehen schminken oder die Haare föhnen, doch leider war zuvor jemand auf der Toilette, und nun riecht es dort entsprechend.

Nicht gerade die idealen Voraussetzungen für das Anbringen von Make-up oder das Eincremen mit Bodylotion.

Es geht auch anders, sofern es die baulichen Umstände zulassen, empfehlen wir die Trennung der einzelnen Funktionen, die heute im Bad zusammenkommen.

Entweder richtet man das WC in einem gänzlich anderen Raum ein, oder man trennt es zumindest mit einer Glaswand vom übrigen Bad ab.

Nach Möglichkeit ebenfalls separiert wird der Waschtisch, der näher zum Schlafzimmer rückt. So ergeben sich die folgenden drei Raumbereiche, wenn es der vorhandene Platz zulässt: erstens die Ankleide mit Waschen, Rasieren, Schminken, zweitens das Bad mit Badewanne und/oder Dusche und drittens das WC.

– Badtrend 5: Dusche mit integrierter Wellness

Ein bisschen Luxus darf sein.

Eine großzügige, ebenerdige Dusche mit einer Kopf- und Handbrause ist heutzutage Standard. Ist die Kopfbrause in die Decke integriert, vermittelt sie ein Regenerlebnis.

Die Dampfdusche hat zusätzlich eine Dampffunktion. Die Luftfeuchtigkeit beträgt 100 Prozent und die Temperatur liegt bei 45–50 °C. Die Dampfdusche kann mit Musik, Licht und Aromen ergänzt werden, um ein Erlebnis für alle Sinne zu bieten. Ein Sitzplatz dient zur Entspannung.

Voraussetzung für den Einbau einer Dampfdusche ist eine geschlossene Kabine mit dampfdichter Decke. Die technischen Einrichtungen sind versteckt, so dass die Dampfdusche kaum anders aussieht als eine „normale". Die Infrarotdusche gibt warmes Infrarotlicht ab. Der Benutzer sitzt vor einem Rückenstrahler, genießt die Wärme und kann seine Muskeln entspannen. Voraussetzung für den Einbau ist ein elektrischer Anschluss für das Infrarotlicht.

– Badtrend 6: Mehrere Lichtquellen

Die in den Spiegelschrank integrierte, meist einzige Lichtquelle im Bad gehört der Vergangenheit an. Eigenheimbesitzer wünschen heute mindestens eine zweite Lichtquelle, wenn nicht deren vier bis fünf.

So können sie zusätzlich zum Arbeitslicht bzw. zur Grundausleuchtung auch Ambientelicht wählen. Diese Lichtquellen werden oft in Deckenstrahlern eingebaut und sind meist dimmbar, so dass sich verschiedene Stimmungen erzeugen lassen.

5.1.9 Platzbedarf und Montage

Eine Sauna kann nachträglich in fast jeden bestehenden Raum eines Hauses eingebaut werden. Häufig wird sie mit Bad oder Dusche kombiniert oder in einen Fitnessraum gestellt.

Eine Sauna kann auch im Keller stehen oder in die Dachschräge des Estrichs eingepasst werden. Eine Sauna, die nah am Wohnbereich eingebaut wird, wird erfahrungsgemäß mehr genutzt als zum Beispiel eine Sauna im Keller.

Wichtig ist, dass sich der Raum gut lüften lässt, damit sich kein Kondenswasser bildet. Eine vormontierte Standard-Sauna lässt sich in etwa zwei Stunden aufstellen, bei größeren und individuelleren Saunas dauert die Montage länger. Für den Anschluss genügt eine Starkstrom-Steckdose, bei manchen Modellen auch eine normale 230-Volt-Steckdose. Eine Faustregel besagt, dass pro Person eine Fläche von einem Quadratmeter nötig ist. Eine Liegekabine für eine Person nimmt aber bereits 1,5 x 2 Meter in Anspruch.

5.2 Kosten

5.2.1 Was kostet ein neues Bad?

Das Badezimmer ist heute mehr als der Ort der Körperhygiene, vielerorts finden sich echte Wellness-Oasen, Orte der Entspannung und des Rückzugs.

Aber natürlich gibt es sie noch, die einfachen Badezimmer mit Toilette, Einer-Waschtisch und Dusche. Wir sagen Ihnen, was Sie für Ihr Budget bekommen.

Der Wasserhahn tropft, die Feuchtigkeit hat über die Jahre Spuren hinterlassen, in den Silikonfugen bildet sich bereits Schimmel, der Waschtisch bietet zu wenig Platz und die Fliesen haben noch Farben und Muster von vor 40 bis 50 Jahren. Dann – oder auch weil man alte Dinge manchmal einfach leid ist – wird es Zeit, das Badezimmer zu renovieren.

Ein Badezimmer lässt sich auch mit einem kleinen Budget modernisieren, aber je größer das Budget, desto vielfältiger die Aus- und Umbaumöglichkeiten und desto hochwertiger die Ausstattung.

Die Kosten für das neue Bad hängen ab von:

» der Entscheidung, ob Sie die vorhandene Einrichtung 1 : 1 ersetzen oder ob Sie Ihr Badezimmer umplanen
» dem vorhandenen Grundriss: Ein rechtwinkliges Bad ist einfacher zu renovieren als ein Bad, das einen schiefwinkligen Grundriss hat
» Grundrissveränderungen wie etwa Raumvergrößerungen oder dem Einbau eines separaten WCs
» dem Zustand der Wasser-, Abwasser- und Stromleitungen, müssen diese saniert oder gar neu verlegt werden, wird es teurer
» der Größe des Badezimmers
» der Art und Anzahl der geplanten Sanitärapparate (z. B. Dusche und/oder Badewanne, WC oder Dusch-WC, Bidet, Einzel- oder Doppelwaschbecken) und Möbel.
» Optionen wie Bodenheizung, Handtuchradiator, neue Fenster und neue Türen
» Ihrem Wohnort (regionale Preisunterschiede bei den Handwerkerleistungen)
» den Eigenleistungen, die Sie erbringen möchten

5.2.2 Bäder im unteren Preissegment

Natürlich ist der Preis abhängig vom Umfang der auszuführenden Einbauten bzw. Veränderungen. Als Annahme für ein Preisniveau kann man aber folgende Preisansätze nehmen:

Im untersten Preissegment von etwa 20.000 bis 35.000 Franken ist Standard angesagt, aber auch so verleihen Sie Ihrem Bad einen neuen Touch.

Die neuen Fliesen sind schlicht oder aber hochwertig, aber nur noch dort verlegt, wo auch Wasser hingelangt. Dies betrifft meist die Wände, an denen Nassbereiche, wie Dusche, Wanne, WC oder Waschbecken installiert sind. Der Rest der Wände wird, wie die Decke, gestrichen oder verputzt.

Dazu kommt Standard-Sanitärkeramik bei Badewanne, Einzel-Waschtisch (mit Spiegelschrank und Untermöbel) sowie der Toilette, meist im Baumarkt gekauft.

Schöne Accessoires und kleinere Einrichtungsgegenstände gehören auch dazu.

5.2.3 Bäder im mittleren Preissegment

Das mittlere Preissegment im Bereich von rund 35.000 bis 60.000 Franken lässt das eine oder andere Extra zu. So werden Naturstein oder hochwertige keramische Beläge oder auch Mosaike verlegt, gehobene Sanitärkeramik wird verbaut, ein Doppel-Waschtisch mit Möbel liegt drin, eine Badewanne, vielleicht sogar mit Whirlpool-System, und eine separate Dusche mit rahmenloser Trennwand ebenso.

Beheizbare Handtuchhalter werden installiert und auch hier gehören schöne Accessoires und Einrichtungsgegenstände dazu.

5.2.4 Bäder im hohen Preissegment

Sie können Ihr Badezimmer einer Generalüberholung unterziehen, neue Anschlüsse einziehen lassen, feinste Materialien und luxuriöse Sanitärkeramik verwenden, eine Ambient-Beleuchtung anschließen, eine Fußbodenheizung für stets wohlige Wärme verlegen lassen und einen Whirlpool und eine Dampfdusche einplanen, der Ihre Muskulatur entspannt. Dafür müssen Sie mindestens 60.000 Franken einplanen.

Vielfach liegen solche Badsanierungen jedoch im sechsstelligen Bereich.

5.2.5 Spartipps für das neue Bad

» Welche Lösung Sie auch wählen: Lassen Sie sich verschiedene Offerten unterbreiten.
» Fragen Sie nach Ausstellungsmodellen, denn verschiedene Anbieter offerieren diese mit deutlichen Preisabschlägen.
» Sparen Sie nicht am falschen Ort: Do-it-yourself ist nur zu empfehlen, wenn Sie über ausgewiesene Kenntnisse verfügen. Sonst lassen Sie lieber den Profi ans Werk. Es wäre ärgerlich, viel Geld zu investieren und der gewünschte Effekt trifft dann wegen mangelhafter Ausführung nicht ein. Denn unsachgemäßes Arbeiten kann Sie teuer zu stehen kommen.

5.2.6 Was kostet eine eigene Sauna?

In Hobbymärkten sind Saunas ab 3000 Franken erhältlich, bei einer Fachfirma kostet eine Sauna 8000 bis 20.000 Franken.

Bei der Ausstattung der Sauna mit allen möglichen Einbauten und aller verfügbaren Technik sind aber auch noch höhere Preise möglich.

Grundsätzlich richtet sich der Preis nach der Größe der Sauna.

Blockbohlen-Saunas sind etwas teurer, aber die Preise schwanken von Hersteller zu Hersteller. Bei den unterschiedlichen Heizarten sind Bio-Öfen leicht teurer als normale Sauna-Öfen.

5.3   Budget

Der Um- bzw. Einbau eines Wellnessbereiches bringt viele finanzielle Veränderungen mit sich.

Um den Überblick zu behalten, sollten Sie bereits im Vorfeld realistisch budgetieren. So können Sie Überraschungen vermeiden und das Projekt mit einem guten Gefühl angehen.

Die Höhe Ihres Budgets richtet sich nach Ihren finanziellen Möglichkeiten.

5.3.1   Neubau oder Umbau

Wird ein bestehendes Bad oder eine Dusche oder ein anderer bestehender Raum umgebaut, gestaltet sich die Budgetierung wesentlich schwieriger, als wenn Sie als Bauherr ein Haus von Grund auf neu bauen.

Die Basis zur Budgetierung Ihrer Wünsche für die Realisierung Ihres neuen Wellnessbereiches bilden vor dem Neu- bzw. Umbau die angeforderten Offerten plus die zusätzlichen Materialkosten.

Nach Einholen der verschiedenen Offerten sollten diese mit den diversen Handwerkern noch besprochen werden und nach Ihren Wünschen, falls dies technisch machbar ist, angepasst werden.

Haben Sie alle Angebote addiert, erhalten Sie nun einen Gesamtbetrag. Vergleichen Sie diesen Betrag mit Ihrem Budget. Im Idealfall haben Sie noch ein finanzielles Polster, um im Bau auftretende Unwägbarkeiten finanzieren zu können. Ist Ihr Budget zu klein, sollten Sie sich überlegen, welche Änderungen Sie am Gesamtprojekt vornehmen können. Allenfalls wäre es besser, den Um- bzw. Neubau noch zu verschieben, um das finanzielle Volumen erhöhen zu können.

5.3.2 Weitsicht beim Neubau

Wer etwas Eigenes baut, hat viel Spielraum. Vom privaten Spa, über ein Bad bis zur neuen Dusche – Sie gestalten sämtliche Komponenten selbst mit.

Grenzen setzen Ihnen nur das Budget und die Bauphysik. Die Preise für die oben aufgeführten Projekte können je nach Maß variieren, je nach Bedürfnis auch stark.

Sie sollten sich bereits im Vorfeld Gedanken machen, wie viel Luxus Sie sich gönnen möchten.

Ansonsten könnten Sie eine Enttäuschung erleben, wenn Sie sich wegen finanzieller Engpässe mit einem Kompromiss abfinden müssen.

Ein konservatives Budget zahlt sich aus – Weitsicht wird belohnt. Wenn Sie von Anfang an gut budgetieren, behalten Sie stets den Überblick und sind finanziell abgesichert. Kalkulieren Sie lieber konservativ. Wenn am Ende noch ein Überschuss bleibt, umso besser.

5.4 Rechtliches/Organisatorisches

5.4.1 Werkvertrag

Bei jedem Bauprojekt gilt: Vertrauen ist gut, Kontrolle ist besser, aber am besten sind gute Absicherungen.

Dazu zählen eine wasserdichte Finanzierung und gute Projektplanung ebenso wie die Information übers Baurecht, der Abschluss von Versicherungen und das schriftliche Festhalten von Verträgen, Zahlungsplänen und anderen Absprachen.

Lassen Sie sich alle Angebote, Offerten und sonstige Absprachen schriftlich bestätigen, um bei etwaigen Unstimmigkeiten später alles belegen zu können.

Ein Werkvertrag kommt zwischen einem Handwerker und einem Auftraggeber zustande, wenn eine Partei ein Angebot unterbreitet, das die andere Partei ohne Änderung annimmt. Meist erhält der Handwerker die Anfrage eines Auftraggebers, wie viel eine bestimmte Leistung kostet.

5.4.2 Ab wann gilt ein Werkvertrag?

Eine Offerte gilt als akzeptiert, wenn eine mündliche oder besser schriftliche Zusage Ihrerseits erfolgt ist, ohne einzelnen Kostenpunkten widersprochen zu haben. Lassen Sie sich daher im Zweifel nie vorschnell zu einem offiziellen Ja drängen, wenn noch nicht alle für den Auftrag relevanten Aspekte besprochen worden sind.

In fast allen Fällen kann der tatsächliche Umfang des Auftrages erst nach einer persönlichen Inspektion vor Ort realistisch eingeschätzt werden. Offerten, die nur auf Hörensagen basieren, sind meist unseriös oder brauchen eine spätere Anpassung.

In diesem Fall legen Sie sich zunächst nur auf die Überprüfungspauschale fest und können auch nach der tatsächlichen Vollkosteneinschätzung immer noch von der Beauftragung des Handwerkers Abstand nehmen.

5.4.3 Wie verbindlich sind Online-Offerten?

In einer Offerte schlägt der Handwerker Ihnen generell einen möglichen Vertrag vor.

Wenn Sie die angebotenen Dienstleistungen akzeptieren, verpflichtet sich der Fachmann automatisch zur exakten Durchführung der beschriebenen Arbeiten zum angegebenen Preis.

Wie kann ich sichergehen, dass wirklich alle relevanten Arbeitsschritte und das geeignete Material bedacht wurden?

Je nach Anspruch Ihres Auftrags kann es manchmal schwer zu erkennen sein, welche Offerten tatsächlich bereits alle wichtigen Bearbeitungsphasen und Aspekte berücksichtigen.

Als Erstes ist es daher wichtig, dass Sie als Auftraggeber genau wissen, wie das Endergebnis auszusehen hat und welchen Anforderungen es genügen muss.

Erfahrene und seriöse Betriebe werden immer darauf bedacht sein, den Rechnungsprozess für Sie als Kunden übersichtlich und transparent zu gestalten.

Können nicht alle Kostenfaktoren aus der Ferne eingeschätzt werden, werden Sie Zusätze finden wie „nach Ermessen", oder der Anbieter lässt klar erkennen, dass es sich um Richtpreise handelt, die abhängig vom später gemeinsam festgelegten Material variieren können.

Eine Offerte bzw. ein Angebot sollte immer alle auszuführenden Arbeiten incl. das benötigte Material beinhalten. Die Arbeiten müssen detailliert aufgestellt sein, so dass auch ein Laie weiß, welche Ausführung ihn erwartet.

5.4.4 Ist die Mehrwertsteuer automatisch enthalten?

In der Schweiz dürfen Sie generell von einer im Preis inbegriffenen Mehrwertsteuer ausgehen, solange die Offerte nicht ausdrücklich auf andere Konditionen hinweist.

Muss ich mein Recht auf Garantieleistung ausdrücklich bei Vertragsschluss sichern? Das Recht auf Nachbesserung bei mangelhafter Ware oder einer unzuverlässigen Erledigung der vereinbarten Dienstleistungen gilt bei jedem Handwerkerauftrag und muss nicht gesondert vereinbart werden.

Der Fachmann ist verpflichtet, alle angebotenen Arbeiten vertragsgerecht zu liefern. Es empfiehlt sich daher, auch bei mündlichen Vereinbarungen stets eine Auflistung der vereinbarten Schritte schriftlich festzuhalten. Das schafft Klarheit und erspart im tatsächlichen Schadensfall viel Stress und Rechtsstreitereien.

Sie können zudem um die Vereinbarung eines Rückbehalts bitten. In der Regel sollte kein Handwerkerbetrieb, der als zuverlässig und kundenfreundlich gelten möchte, einer solchen Klausel widersprechen wollen.

5.4.5 Muss ich für die Fahrtkosten aufkommen?

An- und Abfahrt des Handwerkers dürfen in Rechnung gestellt werden, aber nur, wenn Sie in der verbindlich akzeptierten Offerte vermerkt sind. Achten Sie daher vor einer Zusage darauf, wie der Anbieter sich die Vergütung der Zeit und des verbrauchten Benzins für An- und Abfahrt vorstellt.

5.4.6 Bauwesenversicherung

Die Bauwesenversicherung oder Bauleistungsversicherung wird von Fachleuten als „Kaskoversicherung" des Bauherrn bezeichnet. Sie deckt während der Bauzeit unvorhergesehene Sachschäden am entstehenden, noch nicht fertig gestellten Bauwerk, die nach den Allgemeinen Bedingungen des SIA (Norm 118) den Versicherungsnehmer treffen könnten.

Die SIA-Normen gelten im Prinzip nur für die Schweiz. Die Bauwesenversicherung bietet den Bauherren, Bauunternehmern und Bauhandwerkern finanziellen Schutz, wenn ein entstehendes Bauwerk aufgrund eines unvorhergesehenen Bauunfalls beschädigt oder zerstört wird.

Je nach Definition im Vertrag gelten als Versicherungsgegenstand die Baumeisterarbeiten, der Rohbau oder der schlüsselfertige Bau inkl. Eigenleistungen. Nicht nur äußere, sondern auch innere Ursachen und Wirkungen (Bruchschäden) sind dabei gedeckt.

Die Einhaltung der branchenüblichen Sorgfaltspflicht wird vorausgesetzt. Die Bauwesenversicherung deckt Aufwendungen wegen Beschädigung oder Zerstörung des im Bau befindlichen Objektes infolge eines unvorhergesehenen Bauunfalles während der Laufzeit der Versicherung (in der Regel äquivalent mit der Erstellungszeit).

Voraussetzung ist dabei, dass der Schaden zu Lasten eines in der Police aufgeführten Mitversicherten geht. Als Bauunfall gilt die unfreiwillige Zerstörung oder Beschädigung des Bauobjektes oder weiterer mitversicherter Sachen, entweder durch gewaltsame äußere Einwirkungen (Kaskorisiken wie Regen, Hagel, Sturm, Überflutung, Schnee, Schneedruck, Lawinen, Frost, Grundwassereinbrüche) oder durch innere Ursachen und Wirkungen (wie Bruchschäden, z. B. infolge Konstruktions- oder Materialfehler, Fehler bei der Bauausführung, Ungeschicklichkeiten, Fahrlässigkeit, mangelnder Bauaufsicht).

Nicht versichert sind Schäden aus der Architekten- und Ingenieurberufshaftpflicht sowie Vermögens- oder Personenschäden. Weiter ausgeschlossen sind normalerweise Schäden durch „kosmetische Risse" sowie Aufwendungen zur Behebung von Mängeln gemäß SIA-Norm 118 oder von rein optischen Fehlern.

Zu empfehlen ist, dass der Bauherr die Versicherung für den schlüsselfertigen Umbau abschließt und sämtliche am Bauvorhaben Beteiligten (Bauunternehmer, Bauhandwerker, Zulieferer, Planer) einbezieht. Damit ist Versicherungsdeckung für das ganze Bauwerk gegeben.

Es empfiehlt sich, dies in der Bauausschreibung festzuhalten und darin zugleich den Verteilerschlüssel für die Prämienaufwendungen (basierend auf der anteiligen Bausumme der Mitversicherten und den von ihnen zu vertretenden Risiken) zu fixieren.

Als Versicherungssumme gilt bezüglich der Bauleistung die provisorisch vereinbarte Bausumme. Die weitere volle Haftung mit der ganzen Versicherungssumme nach einem Schadenfall ist normalerweise ebenfalls in der Versicherung enthalten. Bei Bedarf können Zusatzrisiken einzeln oder gesamthaft mit einer pauschalen Versicherungssumme als Paket eingeschlossen werden. Durch Letzteres entfällt das heikle Festlegen der Versicherungssumme für jede einzelne Position.

Als Ergänzung zur Bauwesenversicherung dient die Montageversicherung für den Fall, dass während der Montage von Maschinen und Einrichtungen Schäden am Objekt selber oder an anderen Maschinen zu erheblichen Mehrkosten führen. Diese Versicherung deckt auch die Risiken, für die der Besteller einzustehen hat.

Die Bauwesenversicherung ist preiswert. Beispielsweise kostet sie für Hochbauten ein bis drei Promille der Bausumme. Die Versicherungsgesellschaft kann sich das Kündigungsrecht zur Bauwesenversicherung vorbehalten, wenn sich während der Vertragsdauer eine erhebliche Änderung und dadurch eine Gefahrerhöhung ergibt. Die Parteien können den Vertrag mit angepassten Bedingungen und entsprechender Prämie weiterführen. Bei Gefahrverminderung wird die Prämie entsprechend herabgesetzt.

5.4.7 Terminplan

Die Terminplanung legt Anfangs- und Endtermine für das Durchführen von Aufgaben der verschiedenen Gewerke fest. Voraussetzung für eine Terminplanung ist eine Ablaufplanung. Durch die Ablaufplanung wird eine logische Folge der erforderlichen Aktivitäten festgelegt, ohne dass ihnen bereits konkrete Termine in Form von Kalenderdaten zugewiesen werden.

Falls somit mehrere gleiche Abläufe (Projekte, Produktionen etc.) zu unterschiedlichen Terminen ausgeführt werden sollen, so kann zuerst ein Ablaufplan erstellt werden, dem später für die jeweiligen Aufträge oder Projekte konkrete Start- und Endtermine und somit allen jeweiligen Abläufen die jeweiligen Ausführungstermine zugewiesen werden. Dies ist dann im Bauzeitenplan ersichtlich.

Aus der Bauablaufplanung geht die Reihenfolge der einzelnen Ausführungen der am Bau tätigen Projektbeteiligten hervor.

5.4.8 Bauzeitenplan

Wird die Ablaufplanung für ein spezifisches Projekt mit konkreten Kalenderdaten versehen, so erhält man eine Terminplanung oder einen Terminplan, am Bau: Bauzeitenplan.

Ein Projekt wird in Vorgänge untergliedert. Vorgänge können konkrete Arbeitsvorgänge sein (z. B. Herstellen der Abflussleitungen des Sanitärinstallateurs) oder organisatorische Aufgaben (z. B. Abnahme). Zur eindeutigen Bestimmung werden die Vorgänge regelmäßig mit eindeutigen Vorgangsnummern versehen.

Jeder Vorgang benötigt eine gewisse Zeitdauer. Diese wird über Aufwands- oder Leistungswerte berechnet oder mit Expertenwissen festgelegt.

5.4.9 Kontaktdaten Beteiligte

Es sollte eine Liste aller am Bau Beteiligten vor Beginn der Arbeiten erstellt werden und diese an alle übergeben werden.

Sinn und Zweck dieser Adressliste ist es, dass jeder Ansprechpartner schnell erreicht werden kann und es zu keinen Unterbrechungen im Bauablauf kommt.

Auch können sich die Handwerker untereinander absprechen und so für einen reibungslosen und zügigen Bauablauf sorgen.

Kapitel 6

EXTERNE BERATUNG

6.1 Architekt/Planer

Den eigenen Wellnessbereich selber zu planen, ist ein herausforderndes Projekt, denn damit definiert man die Situation des Wohlfühlbereichs für mehrere Jahrzehnte.

Im Folgenden werden die häufigsten Fehler bei der Hausplanung genannt und Tipps gegeben, wie man diese vermeidet.

Es macht Spaß, sich Gedanken darüber zu machen, wie das langersehnte Traumhaus für die Familie im Hinblick auf die Raumaufteilung gestaltet werden soll.

Die völlige Freiheit, die man bei der Planung des eigenen Wellnessbereichs bzw. Badezimmers genießt, ist einer der wesentlichen Vorteile gegenüber Mietobjekten.

Einen Spa-Bereich selber zu planen, gibt Bauherren die Chance, individuelle Wohlfühlkonzepte zu realisieren und die Raumaufteilung perfekt auf die Bedürfnisse der Bewohner abzustimmen. Es ist empfehlenswert, den Grundriss zu zeichnen und verschiedene Varianten zu durchdenken.

Für einen absoluten Baulaien ist es allerdings ratsam, die Planung und Ausführung für das gesamte Projekt an einen Experten zu übergeben, da der Umfang doch recht hoch sein kann.

Außerdem ist es erfahrungsgemäß relativ sicher, dass sich bei einem Laien viele Fehler in der Planung und auch in der Überwachung der Bauleistungen einschleichen werden.

Doch nicht nur die Planung des Grundrisses sollte sorgfältig durchdacht werden, Fehlerquellen lauern auch in anderen Phasen der Planung. Folgende Fehler sollten möglichst vermieden werden:

1. Falsche Auswahl des Raums
2. Keine Prüfung der Verträge
3. Falsche Planung des Grundrisses
4. Unrealistische Einschätzung eigener Möglichkeiten
5. Mangelnde Kontrolle des Baufortschritts
6. Falsches Budget

6.1.1 Anfragen bei Handwerkern sowie Fachleuten

Sind Sie sich unsicher, was die Ausführung bestimmter Arbeiten betrifft, scheuen Sie sich nicht, die jeweiligen Handwerker zu fragen – sie werden Ihnen im Normalfall bereitwillig Auskunft erteilen.

Haben Sie die betreffenden Handwerker nicht zur Hand, fragen Sie bei den für das Gewerk zuständigen Innungen bzw. Verbänden nach. Diese werden Ihnen gern helfen, kompetente Handwerker aus Ihrem Umkreis zu finden.

Sind Sie unsicher, ob das jeweilige Material Ihnen auch gefallen wird, lassen Sie sich Muster beschaffen, um einen besseren Eindruck zu erhalten.

Haben Sie alle Muster zusammen, legen Sie sie aus und schauen Sie, ob Sie harmonieren.

6.1.2 Anfragen im Umfeld

Vielleicht hat in Ihrem Bekanntenkreis oder in Ihrer Nachbarschaft schon jemand ein solches Projekt realisiert – fragen Sie nach, wo man besonders achtsam sein sollte.

Gehen Sie auf regionale oder überregionale Baumessen und informieren Sie sich. Hier treffen Sie meist auf eine Vielzahl der Gewerke, die Sie beim Um- oder Neubau benötigen.

Kapitel 7

BAUABLAUF

7.1 Ausführungsschritte

1. Boden
2. Abbruch
3. Rohinstallation Sanitär
4. Rohinstallation Elektro
5. Installation Fußbodenheizung inklusive Dämmung
6. Einbau Dämmung
7. Unterlagsboden
8. Gefälleestrich Dusche
9. Aufheizen Unterlagsboden
10. Wände
11. Rohinstallation Sanitär
12. Rohinstallation Elektro
13. Abdichtarbeiten
14. Ausbau
15. Plattenarbeiten
16. Einbau Sauna
17. Schreinerarbeiten
18. Malerarbeiten
19. Fertiginstallation Sanitär/Elektro
20. Dauerelastische Verfugung
21. Funktionsprüfungen
22. Sanitär
23. Heizung
24. Elektro

25. Sauna
26. Abnahme
27. Abnahme externer Leistungen
28. Abnahmeprotokolle

7.1.1 Boden-Abbruch

Ist es Ihr Wunsch, eine neue Bodenheizung einzubauen, sollte geprüft werden, ob die Aufbauhöhe des bestehenden Bodens ausreicht. Vorgängig müsste noch geklärt werden, welcher Art die Bodenheizung sein sollte.

Hier gibt es zum einen eine Elektrobodenheizung und zum anderen eine Warmwasserbodenheizung.

Die Art der Bodenheizung hat Einfluss auf die Einbauhöhe. Eine Elektrobodenheizung hat eine relativ geringe Aufbauhöhe von ca. 1 Zentimeter und kann evtl. auf den bestehenden Unterlagsboden aufgebracht werden. Hier sollte die Bodenhöhe zum benachbarten Raum überprüft werden, um keine Absätze beim Raumübergang zu erhalten.

Bei einer Warmwasserbodenheizung ist dies nicht möglich. Die Aufbau-Höhe der Fußbodenheizung vom Rohbodenbelag bis zur Oberkante des Unterlagsbodens beträgt in der Regel 92 Millimeter. Dabei entfallen auf die Wärme- und Trittschalldämmung etwa 30 Millimeter, auf die Heizungsrohre 17 und den Estrich 45 Millimeter.

7.1.2 Abbruch bestehender Unterlagsböden

Aufgrund der fehlenden Aufbauhöhe ist der bestehende Unterlagsboden beim Einbau einer Warmwasserbodenheizung zu entfernen. Sinnvoll wäre es, einen Mulder für Bauabfall bzw. Bauschutt zu stellen, damit sich nicht im Außenbereich oder im Objekt Schutthalden auftürmen. Nach dem Entfernen des alten Unterlagsbodens ist auch ersichtlich, welche Aufbauhöhe der neue Belag haben wird.

Beim Ausspitzen sollte man Vorsicht walten lassen, da man meist nicht weiß, was sich unter dem Unterlagsboden befindet oder wo die Leitungen genau verlaufen (z. B.: bestehende Elektro- oder Sanitärleitungen).

7.1.3 Rohinstallation Sanitär

Zur Rohinstallation der Sanitärinstallation gehören alle Leitungen für Wasser und Abwasser mit Anschlüssen an der Wand und am Boden. Alle Rohinstallationen sollen nach der Fertigstellung nicht mehr zu sehen sein, das heißt, die Rohre und Leitungen sollten unter den fertigen Endbelägen angebracht sein. Zur Rohinstallation gehören die Wasserzu- und ableitungen für die Waschbecken, das WC, die Badewanne, die Dusche und, wenn vorhanden, das Bidet.

7.1.4 Installationswände (Vorwandinstallationen)

Mit Installationswänden, einer sogenannten Vorwandinstallation, lassen sich oft ganz neue Anordnungen schaffen, etwa zwei gegenüberliegende Waschtische oder Dusche und Badewanne, selbst wenn dies vorher nicht möglich war. Für die WC-Montage werden meist entweder Vorwandelemente verwendet, die anschließend ausgemauert werden. Auf dieses Element wird dann nach der Verfliesung das WC oder Waschbecken angebracht.
Diese Elemente haben eine Einbautiefe von ca. 15 Zentimetern und eine Höhe von 120 Zentimetern. Das System der Vorwand ist einfach, die Vorteile zahlreich.

Der Installationsbaukasten einer Vorwandinstallation besteht aus Metallgitterrahmen, in denen alle Zu- und Abflussleitungen sowie die Anschlüsse der einzelnen Sanitärobjekte unter- und angebracht werden. Mit relativ starren Kupferrohren ist dies nicht möglich. Die Leitungen bestehen deshalb aus flexiblem Kunststoff. Vorteil des Baukastens:

Die Installation der Vorwand muss nicht genau dort erfolgen, wo die Leitungen in der Wand verschwinden, sondern sie kann sich problemlos an jeder beliebigen Stelle im Bad befinden. Die Rahmen werden so aufgestellt, dass sie die Verbindung zwischen Wandanschluss und Verbraucher herstellen. So können sie auch eine raumteilende Funktion erfüllen, wobei an jeder Seite Sanitärobjekte angeschlossen werden.

An einer Seite die Badewanne, an der anderen beispielsweise der WC-Spülkasten. Gerade der WC-Bereich profitiert von der „versteckten" Installation sämtlicher Leitungen und des Spülkastens in einem Vorwandelement.

Nur noch eine schicke Betätigungsplatte bleibt sichtbar. Anschließend werden diese Metallgitterrahmen mit Gipskartonbauplatten oder Fermazellplatten verkleidet und die gesamten Leitungen sind verschwunden.

Eine räumliche Gliederung in Funktionsbereiche, z. B. Duschzone, verstecktes WC und großzügigen Waschtischbereich, lässt sich mit Sanitärwänden schnell und einfach gestalten.

Die Vorwandinstallation ist durchaus in der Lage, große Lasten wie ein WC sicher zu tragen. Auch eine Platzierung des WC über Eck ist mittels Vorwandinstallation möglich.

Es ist darauf zu achten, dass die Gipskartonplatten, die als Verkleidung angebracht werden, eine ausreichende Dicke haben.

Bei 12,5 Millimeter Stärke und Einbauteilen, die über 40 Kilo wiegen, ist eine doppelte Beplankung notwendig.

Nach der Verlegung der Leitungen sollten die Zwischenräume gedämmt werden, damit die Geräusche des durchlaufenden Wassers nicht zu hören sind.

Ebenfalls müssen alle Wasserableitungen so verlegt werden, dass sie mit den Endbelägen überdeckt werden. Auch ist darauf zu achten, dass die Abflussleitungen mit dem notwendigen Gefälle verlegt werden.

Zu den Abläufen im Bad zählen Bodenabläufe im Duschbereich. Verschließbare Ablaufstellen wie bei Waschtischen, Badewannen oder Küchenspülen benötigen einen Überlauf.

Für diese sanitären Einrichtungsgegenstände werden kombinierte Ablauf- und Überlaufgarnituren angeboten. Für Duschen gibt es unterschiedliche Lösungen.

Der klassische Punktablauf kann zentral oder seitlich angeordnet werden. Für geflieste, zumeist ebenerdige Duschen werden befliesbare Punktabläufe angeboten, bei einer Duschwanne kann die Abdeckung passend zur Wannenfläche ausgeführt werden.

Standard ist zur Zeit der Einbau von Linienentwässerungen.

Die Duschrinnen können bündig mit dem Bodenbelag abschließen, so dass sich die Duschfläche ohne Stolperkante gestalten lässt.

Die Rinne kann maßgenau angefertigt und mit dem passenden Bodenbelag ausgestattet werden. Die Optik der verschiedenen Duschrinnen oder Linienentwässerungen ist je nach Hersteller verschieden. Angeboten werden auch Ablaufrinnen aus Glas oder Edelstahl. Eine weitere Möglichkeit der Entwässerung in der Dusche bieten Wandabläufe: Diese sind in die Wand integriert.

7.1.5 Rohinstallation Elektro

– Allgemeines

Die Elektroinstallation umfasst die Leitungsverlegung und die Montage von Verteilern, Leitungsschutzschaltern, Leuchten, Dimmern, Schaltern, Tastern und Steckdosen sowie die abschließende Messung der Wirksamkeit der Schutzmaßnahmen.

Auch ist der Anschluss für den Einbau einer Sauna vorzusehen.

Ist es Wunsch des Bauherren, eine Musikbeschallung für den Wellnessbereich einzubauen, so muss auch elektrotechnisch für einen Anschluss und für die später anzubringenden Lautsprecher gesorgt werden.

Aufgabe des Elektroinstallateurs ist es, die einzelnen Komponenten so zu verbinden, dass die Schaltung die gewünschte

Funktion erfüllt und keine Gefahr eines elektrischen Schlags besteht.

Bei Arbeiten sind zur Vermeidung von Stromunfällen die einschlägigen Sicherheitsregeln zu beachten.

Die Anzahl von Steckdosen, Schaltern und Leuchten sollte vor der Montage festgelegt werden, ebenso, wo sich die Anordnung der Steckdosen, Schalter und der Beleuchtung befinden wird.

7.1.6 Ausführungsarten

Prinzipiell gibt es zwei Arten, elektrische Installationen zu planen und zu errichten:

» zentral
» dezentral

Vorteil der zentralen Elektroinstallation ist, dass alle wichtigen Betriebsmittel in einem Verteiler zusammengefasst sind, was eine schnelle Fehlersuche ermöglicht. Nachteilig dabei ist, dass die meist erheblichen Leitungslängen zu den Verbrauchern genau dimensioniert werden müssen, um Spannungsabfälle möglichst klein zu halten.

Bei der dezentralen Elektroinstallation werden die Betriebsmittel nahe bei den Verbrauchern angeordnet, was eine bessere Anlagenübersichtlichkeit und deutlich weniger Kabel und Leitungen bedeutet.

7.1.7 Verlegearten

Leitungsverlegung

Man unterscheidet im Wesentlichen drei Arten von Installationen:

» auf Putz, in Kabelkanälen, freiliegend sichtig (z. B in Kellern, Garagen, Dachböden, Feuchträumen etc.)
» unter Putz, in Schutzrohren oder in Estrichen verlegt (z. B. in Wohn- und Büroräumen)
» im Putz, zum Beispiel mit einer Stegleitung im Putz

7.1.8 Die Elektroinstallation im Badezimmer

An die Elektroinstallation im Bad werden besondere Anforderungen gestellt. Bedenkt man die vielen Spritzwasser- und Nassbereiche in Bad und Dusche sowie die hohe Luftfeuchtigkeit,ist es auch kein Wunder, dass diese Bereiche in verschiedene Schutzzonen eingeteilt werden.

Die Schutzzonen reichen vom Wannen- bzw. Duschtassenbereich bis 3 Meter darum herum. Diese definieren, welche Anforderungen die elektrischen Anlagen und Leitungen erfüllen müssen, damit sie in den jeweiligen Bereichen überhaupt verlegt oder zum Einsatz kommen dürfen.

Leitungen auf Putz bzw. bis zu einer Tiefe von 6 Zentimetern unter Putz oder hinter Verkleidungen dürfen nur verlegt werden, wenn diese der Versorgung von elektrischen Betriebsmitteln in diesem Räumen dienen und einen Schutzleiter enthalten.

In diesem Fall aber müssen die Leitungen senkrecht von oben verlegt und von hinten in das Gerät eingeführt werden. Leitungen – und zwar in allen Bereichen –, die der Versorgung anderer Räume oder Orte dienen, sind nicht erlaubt, sofern diese nicht mindestens 6 Zentimeter unter Putz verschwinden.

Mit einer Ausnahme: Ist eine solche Verlegung nicht möglich, müssen die Stromkreise mit FI (RCDs) I < 30 mA geschützt werden und einen Schutzleiter enthalten. Ebenfalls nicht zugelassen sind Unterputz-Verteilerdosen in den Schutzzonen 0–2.

7.1.9 Fazit

Die Installationszonen im Bad sind stark reglementiert, somit ist die Elektroinstallation im Badezimmer mit Sicherheit nicht leicht.

Die Anforderungen sind durch viele verschiedene Normen und Regelwerke komplex definiert. Wenn man bedenkt, dass die eigene Gesundheit und die Vermeidung von Unfällen im Vordergrund stehen, so wird einem schnell bewusst, dass die Steckdose direkt neben der Badewanne vielleicht praktisch, das Risiko eines Stromunfalls aber deutlich erhöht wäre.

Um auf Nummer sicher zu gehen, wäre es daher ratsam, sich bei der Planung, aber auch bei der Erweiterung der Installation den einen oder anderen Rat vom Fachmann zu holen. Von einer selbstständigen Verlegung wird hier dringend abgeraten, da bei Fehlern die Gesundheit und das Leben in Gefahr sind.

Lassen Sie die Elektroinstallation unbedingt von einem Fachmann ausführen.

7.1.10 Dämmung

Bevor die Dämmung der Fußbodenheizung beginnen kann, müssen auf der Rohdecke des Gebäudes alle Leitungen so weit wie nötig zum Verteilen gelegt werden.

Als nächster Schritt wird die erste Lage der Dämmung aufgebracht. Dabei müssen Aussparungen für die Leitungen geschnitten werden, die vorher auf der Rohdecke verlegt wurden. Darauf kommt die Trittschalldämmung, damit das Gehen auf dem fertigen Boden angenehm und nicht unnötig laut ist.

Wenn unter diesem Raum sich ein weiterer Raum befindet, dann wird die Lärmbelästigung für diesen minimiert. Ein Randdämmstreifen schützt gegen das Austreten der Wärme in Richtung der Wände.

Auf die Trittschalldämmung kommt eine zweite Lage Dämmung für die Fußbodenheizung. Diese Dämmung ist oftmals mit der Verlegeplatte kombiniert. Nach dieser Dämmung können die eigentlichen Rohre oder Leiterbahnen für die Heizung verlegt werden. Je nach Art der Fußbodenheizung wird diese mit einer Schicht Estrich (dem Unterlagsboden) überzogen. Der letzte Schritt ist das Verlegen des eigentlichen Belags, z. B. aus Naturstein oder keramischen Platten.

Der Einsatz von Isolierplatten steigert die Effizienz einer Fußbodenheizung und reduziert die Aufheizzeiten sowie Betriebskosten erheblich.

Die Wärmedämmung erfolgt unter der Fußbodenheizung. Der Einsatz von Dämmplatten für eine Fußbodenheizung reduziert die Aufheizzeit um bis zu 90 Prozent. Für die Dämmung unterhalb der elektrischen Fußbodenheizung sind Hartschaumplatten geeignet.

Die Höhe dieser Platten beträgt zumeist mehr als 1 Zentimeter, das Auslegen der Fußbodenheizung wird hiermit erleichtert. Die Aufbau-Höhe der Fußbodenheizung vom Rohbodenbelag bis zum Bodenbelag beträgt in der Regel 92 Millimeter. Dabei entfallen auf die Wärme- und Trittschalldämmung etwa 30 Millimeter, auf die Heizungsrohre 17 Millimeter und den Estrich 45 Millimeter.

Die Dämmung einer Fußbodenheizung reduziert die Energiekosten und erhöht die Behaglichkeit des Wohnklimas. Wird sie ohne Dämmung verbaut, steigt Kälte auf und schwächt die Heizleistung.

Gleichzeitig entweicht die von der Heizung erzeugte Wärme ins Erdreich. Die Raumluft erwärmt sich in einem geringeren Maße. Durch den Einbau einer Fußbodenheizung ist es möglich, im Vergleich zu klassischen Heizkörpern durchschnittlich bis zu 10 Prozent Energie einzusparen. Eine schlechte oder nicht vorhandene Dämmung kehrt diese Bilanz um. Dies führt zu einer Erhöhung der Heizkosten.

Im ersten Schritt ist der Untergrund für die Dämmung vorzubereiten. Alle erforderlichen Leitungen müssen auf der Rohdecke des Gebäudes verlegt werden. Als Nächstes bringen Sie die erste Lage mit Dämmmaterial auf. Achten Sie auf die erforderlichen Aussparungen für die Leitungen. Anhand der bereits auf der Rohdecke vorgenommenen Positionierung der Leitungen erkennen Sie, wo Sie die Aussparungen ansetzen müssen.

Auf diese Dämmschicht legen Sie im nächsten Schritt die Trittschalldämmung. Diese Schicht sorgt dafür, dass sich beim Gehen die Lautstärke reduziert. Besondere Aufmerksamkeit erfordern die Seiten des Raumes. Hier kann die Wärme in Richtung Wände entweichen. Randdämmstreifen verhindern hier den Wärmeverlust.

Bevor die Heizleitungen verlegt werden können, legen Sie eine zweite Dämmschicht aus. Dieser Unterbau stellt die perfekte Grundlage für die Fußbodenheizung dar. In Abhängigkeit von der Art der Bodenheizung überziehen Sie diese mit Estrich und legen den Bodenbelag aus.

Besonders praktisch sind Matten, die als Basis für das Verlegen der Heizungsrohre geeignet sind. In diese ist bereits eine eigne Dämmschicht integriert. Der Arbeitsaufwand und die Dicke der Schicht reduzieren sich.

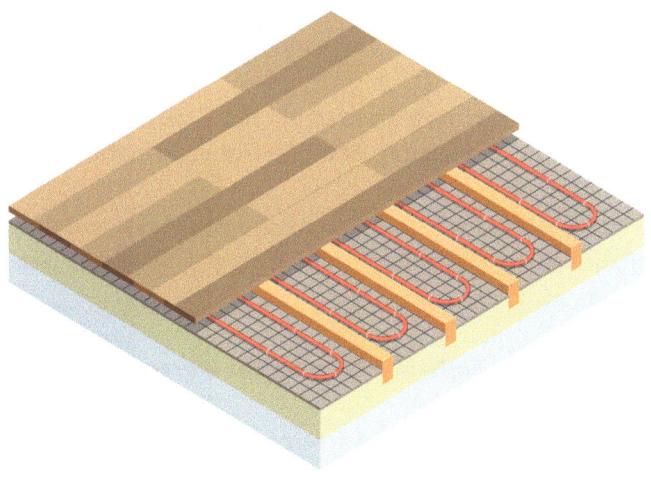

7.1.11 Installation Fußbodenheizung

– Fußbodenheizung mit Wasser

Die Warmwasser-Fußbodenheizung ist eine Niedertemperaturflächenheizung, die ideal mit Niedertemperaturheizsystemen wie der Wärmepumpe kombiniert werden kann. Für die Warmwasser-Fußbodenheizung werden auf dem Fußboden Rohre verlegt, durch die warmes Wasser zirkuliert. Die Warmwasser-Fußbodenheizung kann mit jedem Bodenbelag, der ein guter Wärmeleiter ist, kombiniert werden.

7.1.12 Warmwasser-Fußbodenheizung

Die Warmwasser-Fußbodenheizung ist die klassische Fußbodenheizung und wird heute in vielen Ein- oder Mehrfamilienhaus eingebaut. Die Fußbodenheizung garantiert eine optimale Raumausnutzung ohne störende Heizkörper.

Die großflächig abgegebene konstante Strahlungswärme einer Fußbodenheizung gestattet im Vergleich zur klassischen Heizkörperheizung die Absenkung der Temperaturen im Wohnbereich um rund 2 °C bei unverändertem, angenehmem Temperaturempfinden.

Dazu kommen noch die hygienischen Aspekte einer Warmwasser-Fußbodenheizung. Staubverwirbelungen finden nicht mehr statt.

Des Weiteren wird das Wachstum von Hausstaubmilben und die Schimmelpilzbildung durch die gleichmäßige Flächenwärme verhindert.

– Prinzip einer Fußbodenheizung mit Wasser

Da die Warmwasser-Fußbodenheizung eine Niedertemperaturflächenheizung ist, wird das Wasser in den Rohren auf maximal 40 °C erhitzt. Die Oberflächentemperatur der Fußbodenheizung liegt im Jahresmittel bei 22 °C, das reicht aus, um auch bei frostigen Temperaturen eine behagliche Atmosphäre zu schaffen.

Die Grenzen der Oberflächentemperatur liegen bei Aufenthaltsräumen bei 29 °C, im Badezimmer bei 33 °C und in den Randzonen mit großen Fensterflächen bei 35 °C. Ein Heizkreisverteiler mit Vor- und Rücklauf lässt das warme Wasser in der Fußbodenheizung zirkulieren.

Ein Wärmetemperaturfühler gibt seine Informationen an den Regler weiter, der die Stellsignale an die Motorstellventile übermittelt und die richtige Temperatur einstellt. So erwärmt sich der Raum gleichmäßig und speichert diese Wärme länger als bei anderen Heizungen.

Da bei unterschiedlichen Außentemperaturen mehr oder weniger Wärme in den Raum abgegeben wird, um ein behagliches Raumklima zu schaffen, kontrolliert die Regelung der Fußbodenheizung ständig die Vorlauftemperatur vom Wasser und passt sie der Witterung an.

Dadurch ist die Warmwasser-Fußbodenheizung sehr energiesparend. Die Vorlauftemperaturen sind wegen der großen Fußbodenheizflächen sehr niedrig. Je nach Gebäude, Dämmung

und Bodenbelag reicht in der Regel eine Wasservorlauftempe-
ratur von maximal 35 °C aus.

Im Durchschnitt der Heizperiode genügen dann weniger als
30 °C. Bereitstellungs- und Verteilungsverluste werden weitestgehend minimiert.

– Heizsysteme und Verlegearten bei einer Warmwasser-Fußbodenheizung

Gas, Öl, Pellets, aber auch Solarthermie oder Wärmepumpe
sind Heizsysteme, mit denen eine Warmwasserbodenheizung
betrieben werden kann.

Für die Warmwasser-Fußbodenheizung gibt es zwei Verlegearten:

1. das Trockensystem bei Bestandsbauten, bei dem die Rohre
   nachträglich verlegt werdend
2. das Nasssystem, das bei Neubauten zum Einsatz kommt

Beim Nasssystem werden die flexiblen Kunststoffrohre mithilfe eines Noppensystems oder eines Tackersystems verlegt und
anschließend mit Estrich vergossen.

– Bodenbeläge für eine Warmwasser-Fußbodenheizung

Die Warmwasser-Fußbodenheizung kann mit jedem Bodenbelag, der ein guter Wärmeleiter ist, kombiniert werden.

Je nach Ort und Begebenheit sind möglich:

» Keramische Fliesen und Platten
» Natursteine und Naturwerksteine
» Betonwerksteine und Terrazzo
» Textile Bodenbeläge aus Natur- und Synthetikfasern
» Elastische Beläge
» Holz, Kork, Laminat

7.1.13 Fußbodenheizung mit Noppensystem

Das Noppensystem ist eine von zwei Verlegevarianten für eine Warmwasser-Fußbodenheizung. Dabei werden die Heizungsrohre in einem bestimmten Abstand voneinander in trittfest ausgeschäumte Rohrhaltenoppen aus Polystyrolhartschaum eingedrückt. Das Noppenplattensystem ist auf einer Trittschalldämmplatte aufgebracht.

Ob man sich beim Nasssystem für die Verlegeart Tackersystem oder Noppensystem entscheidet, hängt von den Möglichkeiten auf der Baustelle ab.

Prinzipiell raten Experten zum Einbau einer Warmwasser-Fußbodenheizung beim Neubau.

Der nachträgliche Einbau – etwa bei einer Renovierung – bringt oft größeren Aufwand und höhere Kosten mit sich.

Das Noppenplattensystem zeichnet sich durch eine unkomplizierte und einfache Art der Verlegung aus, die von einem Mann zu erledigen ist und in der Regel kein Werkzeug benötigt.

– Aufbau Noppensystem

Beim Noppensystem für Fußbodenheizungen haben die Dämmplatten auf ihren Oberseiten runde oder eckige Noppen, die etwas höher als die Heizungsrohre sind und einen seitlichen Hinterschnitt aufweisen, der die Rohre besser in ihrer Position hält.

Das Noppenplattensystem besteht aus expandiertem Polystyrol und ist in der Regel zweischichtig:

oben das Noppensystem mit den Noppen und darunter eine Dämmschicht, die für eine Wärme- und Trittschalldämmung sorgt und zum Brand- und Feuchtigkeitsschutz beiträgt. Die Aufbau-Höhe der Fußbodenheizung vom Rohbodenbelag bis zum Bodenbelag beträgt knapp 10 Zentimeter.

Dabei entfallen auf die Wärme- und Trittschalldämmung 35 Millimeter, auf die Heizungsrohre 14 bis 17 Millimeter und auf den Estrich 45 Millimeter. Das Noppensystem ist in zwei Varianten verfügbar: als reine Rohrträgerplatte ohne Dämmung und als Noppenplattensystem mit diversen Dämmdicken.

7.1.14 Handhabung Noppensystem

Das Heizungsrohr wird einfach mit dem Fuß in die vorgegebenen Rohrhaltenoppen gedrückt – ganz ohne Spezialwerkzeug. Vor der Verlegung der Leitungen sollte ein Verlegeplan für die Heizleitungen erstellt werden – vor allem wenn mehr als ein Heiz-kreis geplant ist.

Das Noppenplattensystem ist auch sehr flexibel, denn es ist für drei verschiedene Rohrdurchmesser (14, 16 und 17 Millime-ter) geeignet.

Variabel sind auch die Abstände der Heizungsrohre. Das fle-xible Verlegeraster erlaubt Abstände von 5, 10, 15, 20 oder mehr Zentimetern. Der Abstand der Heizungsrohre ist abhängig von der Wärmestromdichte (übertragene Wärmemenge je Übertra-gungsfläche und Zeiteinheit), der gewünschten Raumtemperatur und dem Bodenbelag. Wie im Kapitel „Aufbau einer Fußboden-heizung" beschrieben, werden die Heizungsrohre nach der Verle-gung auf der Noppensystemplatte mit Estrich übergossen, so dass die Heizungsrohre mindestens 45 Millimeter überdeckt werden.

7.1.15   Fußbodenheizung mit Tackersystem

Beim Tackersystem werden die Heizungsrohre in einem bestimm-ten Abstand voneinander auf einer beschichteten Verbundfolie mit Tacker-Heizrohrhaltern festgetackert. Die Verbundfolie ist auf einer Trittschalldämmplatte aufgebracht.

Eine Fußbodenheizung erfordert nicht nur eine fachgerechte Ausführung, sondern auch eine genaue Planung, in der alle wichtigen Daten wie Dehnungsfugen, Fensterflächen, Wärmeverlustzonen, Wärmedämmung und Bodenbelag festgelegt sind. Ob man sich für das Noppensystem oder das Tackersystem entscheidet, hängt von den Möglichkeiten auf der Baustelle und dem persönlichen Geschmack des Bauherren ab.

Zeitlich betrachtet hat keines der beiden Systeme einen deutlichen Vorteil. Das Noppensystem macht allerdings die Ein-Mann-Verlegung möglich, das geht beim Tackersystem nicht.

Dafür ist beim Tackersystem die Dämmung wesentlich unkomplizierter zu verlegen, auch gibt es einen geringeren Verschnitt, was sich gerade bei größeren Bauten kostenmäßig bemerkbar macht. Außerdem sind beim Tackersystem die Materialien wesentlich günstiger zu beschaffen als beim Noppensystem.

– Aufbau Tackersystem

Beim Tackersystem für Fußbodenheizungen ist die Dämmschicht zur Wärme- und Trittschalldämmung an der Unterseite in regelmäßigen Abständen eingeschnitten, damit sie gerollt werden kann.

Auf die Wärme- und Trittschalldämmung ist eine Verbundfolie aufkaschiert. Die Verbundfolie sorgt für fast verschnittfreien Aufbau und, mit der Styroporschicht darunter, für Brand-, Feuchtigkeits- und Schallschutz.

– Handhabung Tackersystem

Beim Tackersystem werden die Heizungsrohre der Warmwasser-Fußbodenheizung in einem bestimmten Abstand voneinander auf einer beschichteten Verbundfolie mit Tacker-Heizrohrhaltern festgetackert.

Der Abstand der Heizungsrohre ist abhängig von der Wärmestromdichte (übertragene Wärmemenge je Übertragungsfläche und Zeiteinheit), der gewünschten Raumtemperatur und dem Bodenbelag.

Die Heizrohrhalter werden mit einem Tackermontagegerät über das Heizrohr hinweg in die Dämmschicht gedrückt. Damit die Heizrohrabstände gleichmäßig sind, ist auf der Folienoberseite ein Linienraster aufgedruckt.

7.1.16 Schematischer Aufbau einer Fußbodenheizung

Der Aufbau der Fußbodenheizung hängt von dem System ab, mit dem sie verlegt wird.

Grundsätzlich wird in Nass- oder Trockensystem unterschieden. Das Nasssystem ist vor allem für Neubauten geeignet, da die flexiblen Heizrohre aus Kunststoff auf einer Wärme- und Trittschalldämmung verlegt und anschließend mit dem Estrich vergossen werden.

Beim Nasssystem werden hauptsächlich die beiden Methoden Noppen- und Tackersystem verwendet.

7.1.17 Aufbau des Noppensystems und Tackersystems

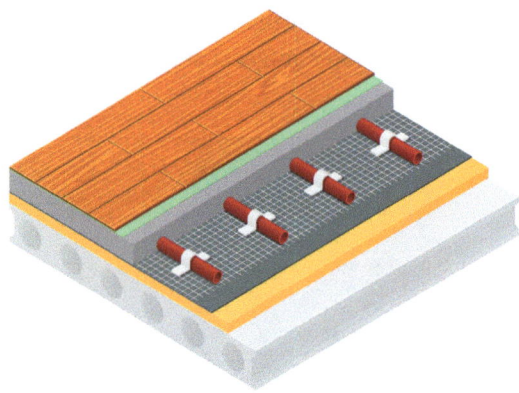

Bei einem Neubau wird die Warmwasser-Fußbodenheizung grundsätzlich im Nasssystem verlegt.

Beim Nasssystem werden die Heizungsrohre im Estrich verlegt, der die Heizungsrohre mindestens 45 Millimeter überdecken muss. Unabhängig von der Fixierung der Heizungsrohre sieht der Aufbau einer Fußbodenheizung folgendermaßen aus:

Auf einem tragenden und ebenen Untergrund wie zum Beispiel Rohbeton wird die Wärme- und Trittschalldämmung aufgebracht.

Geeignet sind Platten aus Polystyrolhartschaum, Polyurethanschaum und Platten aus Mineralfaserdämmstoffen mit höherer Rohdichte oder Verbundplatten aus unterschiedlichen Werkstoffen. Aufbau und Kombination der Dämmschichten richten sich nach der Belastung des Oberbodens und den einschlägigen Normen und Vorschriften.

Die Dämmplatten werden fugenversetzt eingebracht, nachdem zuvor alle Unebenheiten der Rohrdecke oder des Untergrunds sorgfältig beseitigt wurden. Die an den Umfassungswänden zu installierenden Randdämmstreifen müssen an jeder

Stelle der Wand, an Türaussparungen und auch an Säulen oder Vorsprüngen vorhanden sein. Sie nehmen die Dehnung des Estrichs auf und verhindern Schallbrücken. Der Estrich für Fußbodenheizungen muss gemäß den geltenden Vorschriften eingebaut werden. Die Stärke des Estrichs richtet sich nach seiner Art, seiner Verarbeitung und der aufzunehmenden Belastung.

Wenn der Estrich ausreichend getrocknet ist – dies ist mittels einer Feuchtemessung zu ermitteln –, kann der Bodenbelag auf die Fußbodenheizung aufgetragen werden. Beim Verlegen der Fußbodenheizung im Nasssystem gibt es verschiedene Möglichkeiten, um das Rohr im Estrich zu fixieren.

7.1.18   Welches Heizsystem passt zu einer Fußbodenheizung?

Eine der wichtigsten Eigenschaften der Fußbodenheizung ist, dass sie im Niedertemperaturbereich arbeitet.

Deshalb arbeitet sie sehr gut mit dem Heizsystem Wärmepumpe zusammen, eine Kombination, die bei niedrigen Vorlauftemperaturen am wirtschaftlichsten ist.

Darüber hinaus kann die Fußbodenheizung auch mit leistungsstärkeren Heizsystemen wie Solar-, Gas-, Öl-, Holz- und Ölheizung kombiniert werden.

7.1.19   Heizsysteme für eine Fußbodenheizung:

– Fußbodenheizung und Wärmepumpe

Ein ideales Heizsystem für die Fußbodenheizung ist die Wärmepumpe, die ja von Haus aus am wirtschaftlichsten bei niedrigen Vorlauftemperaturen arbeitet.

Eine Wärmepumpe lässt sich optimal mit einer Fußbodenheizung betreiben, wenn das Verhältnis des Heizkörpervolumens zur Raumgröße einen Betrieb mit niedrigen Vorlauftemperaturen gestattet. Dann sind die Effizienzverluste so gering, dass weder die Kosten spürbar steigen, noch die Leistung der Wärmepumpe unter ein umweltunfreundliches Niveau sinkt. Zudem können Fußboden-Heizsysteme zum Kühlen mit Wärmepumpen genutzt werden.

Auch die Trägheit der Fußbodenheizung kommt der Heizwärmeerzeugung per Wärmepumpe entgegen. Diese Trägheit beruht darauf, dass die Fußbodenheizung nur verzögert auf Schwankungen der Raumheizlast reagiert. Grundsätzlich verändert sich immer dann die Heizlast, wenn sich die Außentemperatur verändert oder Fremdwärmeeinflüsse auftreten. Aufgrund der großen thermischen Speichermasse des Estrichs kommt es nur langsam zur Anpassung.

Diese Anpassung ist der Selbstregeleffekt der Fußbodenheizung.

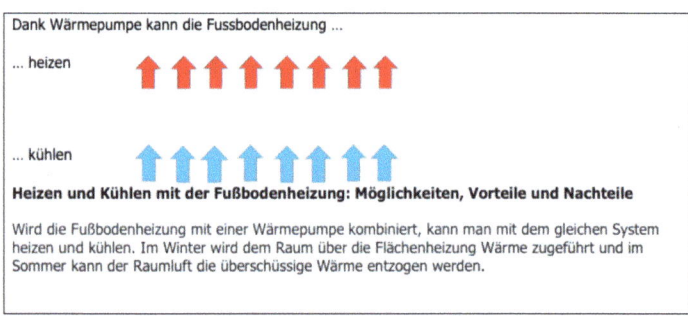

Dank Wärmepumpe kann die Fussbodenheizung ...

... heizen

... kühlen

Heizen und Kühlen mit der Fußbodenheizung: Möglichkeiten, Vorteile und Nachteile

Wird die Fußbodenheizung mit einer Wärmepumpe kombiniert, kann man mit dem gleichen System heizen und kühlen. Im Winter wird dem Raum über die Flächenheizung Wärme zugeführt und im Sommer kann der Raumluft die überschüssige Wärme entzogen werden.

Die Warmwasser-Fußbodenheizung gibt immer dann Wärme ab, wenn eine Temperaturdifferenz zwischen Estrich und Raumluft besteht. Der Selbstregeleffekt der Fußbodenheizung führt dazu, dass sie durch eine Regelungstechnik auf Schwankungen der Raumheizlast reagiert.

Eine manuelle Regelung entfällt daher, dies steigert somit den Heizkomfort und spart Energie. Der konstante Betrieb der Wärmepumpe auf niedrigem Niveau führt zu weniger Verschleiss und somit zu höherer Lebensdauer.

– Fußbodenheizung und Gas-, Solar-, Holz- und Ölheizung

Die Fußbodenheizung kann aber auch mit leistungsstärkeren Heizsystemen wie Solar, Gas-, Öl-, Holz- und Ölheizung kombiniert werden. Hierbei kommen Kaltwassermischventile zum Einsatz sowie Pufferspeicher (Schichtenspeicher), mit denen das Wasser auf die benötigte Vorlauftemperatur heruntergekühlt werden kann, damit die Heizungsrohre in der Fußbodenheizung nicht zu heiß werden.

– Vorteile einer Fußbodenheizung

An einer Fußbodenheizung kommt fast kein Bauherr eines Ein- oder Mehrfamilienhauses mehr vorbei. Die größten Vorteile gegenüber Kompaktheizkörpern sind ihre Unsichtbarkeit, die erzeugte behagliche Wärme und die mögliche Kombination mit Niedrigheizsystemen wie Wärmepumpe und Solarkollektoren.

– Fußbodenheizung: Vorteile in der Übersicht

Die Fußbodenheizung, egal ob Warmwasserfußbodenheizung oder Elektrofußbodenheizung, stellt keinen Luxus mehr dar, sondern ist eine Vernunftentscheidung für Komfort und Wirtschaftlichkeit. Die Vorteile der Fußbodenheizung liegen auf der Hand: Sie ist behaglich, unsichtbar, wirtschaftlich, vielseitig, durchdacht, leistungsstark, effizient, freundlich für Allergiker, umweltschonend und für Neubau und Renovierung geeignet.

Die zentralen Vorteile sind:

» Die Fußbodenheizung ist behaglich.
» Die milde Strahlungswärme von unten sorgt für warme Füße und einen kühlen Kopf.
» Die Fußbodenheizung ist wirtschaftlich: Die großflächige „Wärmequelle" kann durch bis zu 2 °C niedrigere Temperaturen bis zu 12 Prozent Energie sparen.

» Die Fußbodenheizung ist umweltfreundlich: Sie spielt ihre Vorteile aus mit der Kombination von alternativen Energien wie Wärmepumpe und Solarkollektoren.

» Die Fußbodenheizung ist sauber und für Allergiker geeignet: Es wird so gut wie kein Staub aufgewirbelt und die Schimmelpilzbildung wird minimiert.

» Die Fußbodenheizung ist zukunftweisend und flexibel: Die Heizung von morgen ist unsichtbar und energiebewusst. Sie arbeitet mit einer Vielzahl von Heizsystemen zusammen.

» Die Fußbodenheizung ist sicher: Sie bietet den hohen Qualitätsstandard diverser Normenausschüsse.

» Die Fußbodenheizung ist unsichtbar: Sie kommt ohne störende Heizelemente an der Wand aus und eröffnet damit kreative neue Gestaltungsmöglichkeiten.

» Die Fußbodenheizung ist vielseitig kombinierbar mit verschiedenen Bodenbelägen: Fliesen, Naturstein, Teppichboden, Kork, Laminat oder Parkett harmonieren gut mit der Fußbodenwärme.

» Die Fußbodenheizung eignet sich für Neubau oder Bestandsbau. Speziell für die Althausmodernisierung wurden die Systeme mit niedriger Bauhöhe entwickelt.

Die Nachteile einer Fußbodenheizung

Die Fußbodenheizung hat neben vielen Vorteilen auch einige Nachteile.

» Im Vergleich zu Festheizkörpern an den Wänden ist die Fußbodenheizung im Einbau und der Reparatur teurer.

» Einer der Haupt-Nachteile ist die zeitliche Verzögerung, mit der die Fußbodenheizung auf die Temperaturregelung reagiert.

» Eine Kombination der Fußbodenheizung mit einem Teppichboden ist nicht empfehlenswert, da der Teppichboden den Wärmeaustausch zu stark hemmt. Es gibt im Fachhandel jedoch Teppichböden, die speziell für Fußbodenheizung geeignet sind.

» Die Fußbodenheizung hat relativ hohe Einbau- und Reparaturkosten.

» Bei der Inbetriebnahme muss die Fußbodenheizung erst eingeregelt werden, da jeder Raum eine individuelle Wohlfühltemperatur hat.

» Die Sanierung der Fußbodenheizung ist schwierig und aufwendig.

» Bestimmte Arten von älteren Kunststoffrohren können mit der Zeit verstopfen und müssen ausgetauscht werden.

» Ältere Kunststoffrohre von Fußbodenheizungen sind oft nicht diffusionsdicht gegen Sauerstoff. Die Folge: Korrosion an den metallischen Anlageteilen und Rostschlamm im Heizungssystem.

» Das Spülen von älteren Kunststoffrohren, die Ablagerungen enthalten, ist aufwändig und nicht immer von Erfolg gekrönt. Die heutigen Kunststoffrohre der Fußbodenheizung sind diffusionsdicht, somit kann kein Sauerstoff in das Heizungssystem gelangen.

» In Zusammenarbeit mit einem anderen Heizsystem (wie zum Beispiel einer Wärmepumpe) muss bei der Fußbodenheizung zum Schutz vor Abschlammung eine Systemtrennung durchgeführt werden, zum Beispiel mittels Plattenwärmetauscher.

» Da die Fußbodenheizung keine Heizkörper hat, gibt es keine Möglichkeit mehr, Wäsche zum Trocknen aufzuhängen. Will man das haben, muss man sich Alternativen überlegen wie zum Beispiel einen Handtuchheizkörper.

» Ständig auf einer Fußbodenheizung zu stehen, ist schlecht für die Venen und die Füße, man sollte auf die richtige Temperatur achten.

Die folgende Tabelle zeigt, welche Vor- und Nachteile eine Trockenestrich-Fußbodenheizung hat.

Vorteile	Nachteile
Schnelle Verlegung, auch ohne Helfer.	Geringeres Speichervermögen für thermische Energie
Kurze Belegreife für zeitnahe Verlegung der Bodenbeläge	Bei Auswahl der Trockenestrich-platten ist besonders auf die Eignung (Feuchtigkeit, Belastung) zu achten.
Kurze Reaktionszeiten der Fußbodenheizung	Estrichelemente sind selbst oft kein eigenständiger Bodenbelag.
Geringes Flächengewicht für die Renovierung	
Niedrige Aufbauhöhe bei einem Dünnschichtsystem	
Kostengünstige Installation der Trockenestrich-Fußbodenheizung	

7.1.20 Bodenbelag für Fußbodenheizung

Welcher Bodenbelag ist für eine Fußbodenheizung gut geeignet, welcher Bodenbelag eignet sich nicht so gut für eine Fußbodenheizung? Dieser Frage gehen wir anhand einzelner Bodenbeläge in diesem Kapitel nach. Wichtige Faktoren für jeden Bodenbelag sind dabei die Dicke und die Wärmeleitfähigkeit, daraus ergibt sich der Wärmedurchlasswiderstand: Die entscheidende Größe für die Dimensionierung der Heizungsanlage.

– Auswahlkriterien & Materialien

Grundsätzlich ist jeder Bodenbelag für eine Fußbodenheizung geeignet. Es gibt aber Bodenbeläge, die aufgrund ihrer guten Wärmeleitfähigkeit besser für eine Fußbodenheizung geeignet sind als ein Bodenbelag, der eine schlechte Wärmeleitfähigkeit besitzt.

Die Dicke des Materials geteilt durch die Wärmeleitfähigkeit des Bodenbelags ergibt den Wärmedurchlasswiderstand, der, alle Schichten zusammenaddiert, nicht höher sein darf als $0{,}15$ m^2K/W.

Bodenbelag wie Parkett, Korkböden oder Fliesen können wahlweise schwimmend verlegt oder fest verklebt werden. Laut Herstellerangaben sind viele Bodenbeläge auch bei schwimmender Verlegung für die Kombination mit einer Fußbodenheizung geeignet. In diesem Fall muss allerdings mit einer erhöhten Trägheit der Fußbodenheizung gerechnet werden.

1. Bodenbelag Teppich

Auf beheizten Böden wird Teppich am besten mit einem Spezialkleber verlegt. Je dicker der Teppich, desto schlechter seine Wärmeleitfähigkeit und desto höher sein Wärmedurchlasswiderstand. Es spielt keine Rolle, ob der Teppichbelag aus Textil-, Kunst-, oder Naturfaser besteht. Mittlerweile bietet der Markt eine Vielzahl von Modellen. Als sehr gut geeignet für Fußbodenheizung haben sich der Kokos- und Sisalteppich erwiesen.

2. Bodenbelag Parkett, Laminat, Holzdielen und Korkböden

Parkett ist sehr gut als Bodenbelag für die Fußbodenheizung geeignet. Neben der richtigen Wahl, Verarbeitung und Dicke der Holzsorte sollte man auch darauf achten, dass der Untergrund für die Parkett-Fußbodenheizung geeignet ist. Laminat ist nicht so lange haltbar wie Parkett, ist aber wasserdicht, schlagfest und auch hohen Temperaturen gewachsen. Laminatböden werden teilweise schon mit Trittschalldämpfung und Oberflächenbehandlung angeboten und können in den allermeisten Fällen ohne weiteren Aufwand verlegt werden, wobei moderne Klicksysteme auch erlauben, das Laminat komplett leimfrei zu verarbeiten. Holzdielen und Korkböden haben einen relativ hohen Wärmedurchlasswiderstand und sind deshalb auf eine leistungsfähige Fußbodenheizung angewiesen. Holzdielen werden oft zusammen mit einer darunterliegenden Holzbalkendecke verlegt.

3. Bodenbelag Fliesen und Naturstein

Fliesen und Naturstein sind dank ihrer hohen Wärmeleitfähigkeit der ideale Bodenbelag für eine Fußbodenheizung. Fliesen und Naturstein speichern Wärme und geben sie kontinuierlich in den Raum ab.

Als sehr gut geeignet für die Fußbodenheizung haben sich die Steinzeug- als auch Feinsteinzeugfliesen erwiesen.

4. Parkett für Fußbodenheizung

Parkett ist sehr gut als Bodenbelag für die Fußbodenheizung geeignet. Parkett ist ein fußwarmer Bodenbelag mit guten Wärmeleitwerten. Auch die warmen Holztöne werden als sehr angenehm empfunden. Neben der richtigen Wahl, Verarbeitung und Dicke der Holzsorte sollte man auch darauf achten, dass der Untergrund für die Parkett-Fußbodenheizung geeignet ist.

Aus der Wärmeleitfähigkeit und der Dicke bzw. Dichte des Holzes ergibt sich der Wärmedurchlasswiderstand, der den Wert von 0,15 m^2 K/W nicht überschreiten darf. Je dünner und dichter das Holz, desto besser leitet es die Wärme.

– Untergrund für Parkett-Fußbodenheizung

Für die Parkett-Fußbodenheizung ist sowohl der Anhydritestrich als auch der Zementestrich als Untergrund geeignet. Man kann sich bei dem Verlegesystem für die Fußbodenheizung sowohl für das Noppensystem als auch für das Tackersystem entscheiden. Wichtig ist aber, dass man für eine gute Trittschalldämmung sorgt, die eine gute Wärmeleitfähigkeit besitzt und das Parkett vor aufsteigender Feuchtigkeit schützt.

Ein wichtiger Punkt bei der Parkett-Fußbodenheizung ist die Auswahl des Holzes. Holz ist ein hygroskopischer Baustoff, das heißt, es passt sich an die jeweiligen raumklimatischen Bedingungen an.

Man sollte also auf Hölzer zurückgreifen, die ein niedriges Quell- und Schwundverhalten haben. Als besonders gut haben sich die dunkleren Holzarten wie Eiche, Nussbaum und einige tropische Hölzer erwiesen, die ihre Form bei Temperaturschwankungen kaum verändern.

So können bei der Fußbodenheizung Fugenbildungen weitgehend vermieden werden und der Boden bleibt optisch einwandfrei und länger haltbar. Wenn Massivparkett verlegt werden soll, ist das 8 Millimeter dicke Mosaikparkett besonders geeignet, und auch bei Mehrschicht-Parkett sollte man kleinformatige und kurze Elemente bevorzugen. Besonders gut geeignet für die Verlegung auf einer Fußbodenheizung ist das so genannte Zweischichtparkett, das, vollflächig verklebt, bei vergleichsweise dünner Holzschicht und guter Wärmeleitfähigkeit eine hohe Formstabilität gewährleistet. Die Dicke des Parketts bei der Fußbodenheizung sollte 22 Millimeter nicht überschreiten, weil sonst der Wärmedurchlasswiderstand zu hoch wird.

5. Laminat für Fußbodenheizung

Laminat ist grundsätzlich dafür geeignet, auf einer Fußbodenheizung verlegt zu werden. Auch wenn die Wärmeleitfähigkeit nicht an die des Parketts heranreicht, ist eine effektive Nutzung einer Fußbodenheizung unter Laminat durchaus möglich.

Neben dem richtigen Untergrund für das Laminat kommt es auch darauf an, dass das Laminat für die Verwendung mit einer Fußbodenheizung geeignet ist.

Schon beim Kauf von Laminat muss man darauf achten, dass es vom Hersteller für die Verwendung mit einer Fußbodenheizung freigegeben wurde. Laminat ist für eine Fußbodenheizung geeignet, wenn man auf den Wärmedurchlasswiderstand achtet. Laminat und Dämmunterlage zusammen dürfen einen Wärmedurchlasswiderstand von max. 0,15 K/W pro m² nicht überschreiten, weil sonst die Anlage nicht effizient genug betrieben werden kann.

Die Oberfläche des Laminats sollte beim späteren Heizen dann nicht wärmer werden als 26 °C, um Aufwölbungen und Fugenquellungen zu vermeiden. Sollten mehrere Heizkreise im Fußboden gelegt werden, sind Dehnfugen notwendig, oder alle Kreise müssen mit derselben Temperatur betrieben werden.

Schließlich darf der Heizestrich vor dem Verlegen nicht zu feucht sein: Im Neubau muss unbedingt abgewartet werden, bis der Estrich getrocknet ist.

– Untergrund für Laminat-Fußbodenheizung

Geeignet als Untergrund für die Laminat-Fußbodenheizung ist sowohl der Anhydritestrich als auch der Zementestrich. Beim Verlegen der Fußbodenheizung kann man sich sowohl für das Noppensystem als auch für das Tackersystem entscheiden. Genauso wichtig wie beim Parkett ist es auch hier, dass man für eine gute Trittschalldämmung sorgt, die eine gute Wärmeleitfähigkeit besitzt und das Laminat vor aufsteigender Feuchtigkeit beschützt. Laminat ist nicht so feuchtigkeitsempfindlich wie Parkett, aber es könnten irgendwann stehende Flüssigkeiten in das Material eindringen und dieses letzten Endes aufquellen lassen.

– Beschaffenheit und Dicke der Fußbodenheizung

Laminat besteht aus mehreren Schichten duroplastischer Kunststoffe und ist wasserdicht, schlagfest und auch hohen Temperaturen gewachsen. Laminatböden werden teilweise schon mit Trittschalldämpfung und Oberflächenbehandlung angeboten und kann, durch die zudem geringe Einbauhöhe (ab 6 Millimeter), in den allermeisten Fällen ohne weiteren Aufwand verlegt werden, wobei moderne Klicksysteme auch erlauben, dass Laminat komplett leimfrei zu verarbeiten.

Die Haltbarkeit der Laminat-Fußbodenheizung liegt mit 10 bis 30 Jahren unter der Haltbarkeit von Parkett (bis zu 50 Jahre), dafür ist das Laminat einfacher zu verlegen und auch kostengünstiger. Die Dicke des Laminats sollte 9 Millimeter nicht überschreiten. Bei Laminat auf der Fußbodenheizung muss man sich darüber klar sein, dass es länger dauert, bis die Wärme den kompletten Raum ausfüllt, sie sich aber im Boden auch länger hält. Die anfallenden Heizkosten liegen etwas höher als bei einer Fußbodenheizung, die unter Kacheln oder Fliesen verlegt wurde.

6. Holzdielen für Fußbodenheizung

Auch wenn einige Hersteller davon abraten, Massivholzdielen auf Fußbodenheizung zu verlegen, spricht trotzdem einiges dafür: Holzdielen bestehen durch und durch aus einem Holz, sind extrem langlebig, vermitteln einen warmen Raumeindruck, sind extrem strapazierfähig und lassen sich durch ihre Dicke öfter abschleifen als andere Bodenbeläge aus Holz. Holzdielen haben eine ähnliche Wärmeleitfähigkeit wie Parkett, sind aber wegen ihrer Dicke (20 bis 50 Millimeter) auf eine leistungsfähige Fußbodenheizung angewiesen.

Der Wärmedurchlasswiderstand von Holzdielen ist relativ hoch, das heißt, die Fußbodenheizung braucht eine lange Vorlaufzeit, kann aber auch früher abgeschaltet werden, weil die Holzdielen die Wärme lange speichern.

Holzdielen sind lange gelagert, was den Vorteil hat, dass sie eine sehr geringe Restfeuchte aufweisen und nach der Verarbeitung wenig arbeiten, das heißt, das Risiko auf Fugenbildung wird gemindert. Sehr aufwendig gestaltet sich die Versiegelung der unbehandelten Hölzer mit Lack, Wachs oder Öl.

– Aufbau der Holzdielen-Fußbodenheizung

Holzdielen können auf Lagerhölzern mit Schrauben und Nägeln verlegt oder vollflächig mit dem Untergrund verklebt werden. Oder man kann sie schwimmend verlegen: Dabei werden die Holzdielen auf eine spezielle Schaumstoffmatte gelegt, die unter einer abziehbaren Folie mit Kleber beschichtet ist.

Neben gutem Trittschallschutz erzielt man dadurch auch eine Reduzierung der für Holzdielen typischen Fugenbildung. Denn die Matte gleicht Spannungen aus, die im Holzboden auf Grund von Klimaschwankungen entstehen. Wie bei allen Holzböden wie Parkett und Laminat sollte auf mineralischen Untergründen eine PE-Folie als Dampfbremse verlegt werden. Anschließend folgt die Klebematte.

Dem Verlegen der Holzdielen auf einer Fußbodenheizung folgt das Abschleifen und anschließend das Versiegeln mit Lack beziehungsweise die Behandlung mit Öl oder Wachs. Letztere erfordert häufigere Pflege, lässt aber die Poren offen. So kann das Holz zum Feuchteausgleich beitragen und das Wohnklima verbessern.

– Beschaffenheit der Holzdielen-Fussbodenheizung

Die wichtigsten heimischen Holzarten für die Holzdielen sind Ahorn (gelbweiß und härter als Eiche), Birke (hellgelb, fast weiß, dazu zäh, elastisch und gut haltbar), Buche (hell bis rötlich-braun, gehört zu den härtesten Holzarten), Eiche (hell, kontrastreich gemasert und ähnlich hart wie Eiche), Fichte (sehr helles, relativ weiches Holz, von Ästen durchsetzte Struktur), Lärche (harzreich, heller, leicht rötlicher Ton).

– Holzdielen in verschiedenen Sortierungen

Schiffsboden: Die Oberfläche eines Schiffsboden-Elements besteht aus mehreren zusammengefügten Holzelementen. Man hat so den Eindruck, als ob kleine Parkettstäbe aufwendig verlegt worden seien.

Landhausdiele: Der Deckbelag eines jeden Elements besteht aus einer einzigen durchgängigen Holzschicht. Das wirkt vor allem auf großen Flächen ruhiger als ein Schiffsboden.

7 Fußbodenheizung auf einer Holzbalkendecke

Bei alten Fachwerkhäusern und Einfamilienhäusern bis zum Jahr 1960 waren Holzbalkendecken üblich. Möchte man auf der Holzbalkendecke im Zuge der Altbausanierung eine Fußbodenheizung installieren, ist die übliche Methode die Integration der Heizung im Trockenaufbau in die Holzbalkendecke. Vorteil ist eine geringere Aufbauhöhe für die Fußbodenheizung, eine schnellere Trocknung und eine geringere Flächenlast.

– Fußbodenheizung auf Holzbalkendecke

Verlegemöglichkeiten

Wenn man im Zuge einer Altbausanierung eine vorhandene Holzbalkendecke nachträglich mit einer Fußbodenheizung ausrüsten möchte, bestehen hierfür grundsätzlich zwei Möglichkeiten. Entweder man baut auf der vorhandenen Holzbalkendecke eine Bodenkonstruktion mit integrierter Fußbodenheizung vollständig neu auf oder man integriert die Fußbodenheizung in die vorhandene Holzbalkendecke.

Die letzte Variante wird vor allem dann gewählt, wenn man keine ausreichende Aufbauhöhe für eine neue Bodenkonstruktion zur Verfügung hat oder wenn man zwingend auf Treppenabsätze, Tür- oder Fensterlaibungen Rücksicht nehmen muss und deswegen keinen Neuaufbau vornehmen kann.

Die übliche Methode für einen Einbau einer Fußbodenheizung in eine Holzbalkendecke ist die Verlegung mit Trockenestrich, es kann aber auch im Nassaufbau Zementestrich oder Anhydritestrich verwendet werden.

Wichtig beim Nassaufbau: Die Aufbauhöhe ist um 20 Millimeter höher als beim Trockenaufbau und die Flächenlast beträgt ein Vielfaches mehr als beim Trockenaufbau. Das macht eine genaue Statikberechnung notwendig. Vorteil beim Nassaufbau ist der bessere Schalldämmwert. Sowohl im Nass- als auch im Trockenaufbau lassen sich alle gängigen Bodenbeläge für die Fußbodenheizung verwenden, z. B. Parkett, Fliesen, Holzdielen oder Naturstein.

– *Fußbodenheizung auf Holzbalkendecke im Trockenaufbau*

Im Trockenaufbau werden Gipskartonplatten oder Gipsfaserplatten benutzt, die sich viel zeitsparender einbauen lassen als Fließestrich oder Zementestrich.

Trockenestrich ist 24 Stunden nach dem Verkleben der Estrich-Elemente bereit für die Verlegung von Fliesen, Parkett, Holzdiele oder Teppich.

Vor Verlegung der Fußbodenheizung wird die Holzbalkendecke mit einem diffusionsoffenen Rieselschutz (z. B. Natronpapier) abgedeckt. Unebenheiten müssen eventuell mit Fließspachtel oder Ausgleichsschüttungen begradigt werden. Auf diesem planen Untergrund wird eine lastverteilende Abdeckschicht verlegt.

Dies kann beispielsweise eine 10 Millimeter dicke Gipsfaserplatte sein. Sind die Randdämmstreifen verlegt, der Untergrund begradigt und eine zusätzliche Wärmedämmung verlegt, wird die Systemplatte aus Polystyrol aufgebracht, die die vorgefertigten Bahnen für die Heizungsrohre enthält. Anschließend werden die Wärmeleitbleche aus verzinktem Stahlblech in die Polystyrolplatte eingesetzt. In die Wärmeleitbleche verlegt man die Heizrohre aus Kunststoff. Um die Wärme gleichmäßig zu verteilen, kommt über die Heizrohre vollflächig eine Abdeckplatte aus verzinktem Stahlblech. Darüber wird der Trockenestrich verlegt, indem er an den Estrichfalz verklebt wird.

8. Fliesen für Fußbodenheizung

Fliesen sind der ideale Belag für eine Fußbodenheizung, denn durch kaum ein Material gelangt die Wärme leichter als durch Stein- und Keramikböden. Fliesen weisen eine fünfmal höhere Wärmeleitfähigkeit als Parkett auf, sind umweltfreundlich, hygienisch, pflegeleicht, antistatisch, geruchsneutral und trittfest.

– Fliesen auf Fußbodenheizung

Fliesen wird oft nachgesagt, dass sie kälter sind als andere Bodenbeläge wie Teppich, Laminat oder Parkett. In Kombination mit einer Fußbodenheizung spielen Fliesen jedoch ihre Vorteile aus, denn nur Marmor und Naturstein haben eine höhere Wärmeleitfähigkeit. Durch ihren niedrigen Wärmedurchlasswiderstand sind Fliesen der ideale Belag für eine Fußbodenheizung, denn der Raum heizt sich sehr schnell auf.

– Untergrund für Fliesen-Fußbodenheizung

Als Heizestrich für die Fliesen-Fußbodenheizung eignet sich sowohl Anhydritestrich als auch Zementestrich. Eine effiziente Heizwirkung lässt sich sowohl mit dem Tackersystem aus auch mit dem Noppensystem erzielen.

Die Fliesen-Fußbodenheizung lässt sich gut mit einer Wärmetrittschalldämmung kombinieren, die für zusätzliche Dämmung sorgt und Schutz bietet vor aufsteigender Feuchtigkeit.

– Beschaffenheit und Dicke der Fußbodenheizung

Die Keramikarten teilen sich auf in Steingut, Steinzeug und Feinsteinzeug.

Dabei werden Steingutplatten vornehmlich für den Wandbereich verwendet, während Steinzeug- und Feinsteinzeugplatten sowohl für den Wand- als auch Bodenbereich geeignet sind.

Sie bestehen aus Ton und diversen Zusatzstoffen wie Quarz, Kaolin und Feldspat. Durch einen oder mehrere Brände wird der Rohling dabei zu einer Scherbe. Je nach Höhe der Temperatur und Dauer des Brandes entstehen Fliesen mit unterschiedlich hohem Wasseraufnahmeanteil.

Die gemeinsame Eigenschaft von Fliesen ist, dass sie so gut wie alles an sich abperlen lassen, also extrem pflegeleicht und hygienisch sind.

Und auch die weiteren Qualitäten der Fliese können sich sehen lassen: Sie sind antistatisch, geruchsneutral und stellen durch ihre Vielfalt auch optisch eine Menge dar. So schaffen Mosaikfliesen tolle Effekte, Terrakotta-Fliesen sorgen für eine warme Atmosphäre und Platten mit Marmor, Granit und Schieferoptik für kühle Eleganz. Zudem sind Fliesen kaum zerstörbar. Sehr trittfest ist die Feinsteinzeugfliese. Sie hat einen relativ dichten Scherben und nimmt so wenig Wasser auf, dass sie sogar frostigen Außentemperaturen trotzt. Steingutfliesen hingegen, mit ihrem porösen Scherben und der weichen Glasur, gehören nicht auf den Boden einer Fußbodenheizung, sondern machen sich als Wandfliesen gut. Wichtige Kennzahlen der Fliesen sind ihre Abriebgruppe, die Auskunft über die Stabilität gibt, und die fünf Klassen der Rutschfestigkeit.

9. Naturstein auf Fußbodenheizung

Naturstein lässt sich besonders vorteilhaft auf einer Fußbodenheizung verlegen.

Naturstein besitzt meist eine hohe Wärmeleitfähigkeit, dadurch verbreitet sich die Wärme schnell und gleichmäßig im gesamten Raum. Auch der Wärmedurchlasswiderstand ist bei den meisten Naturstein-Sorten sehr niedrig. Durch Naturstein kann man Heizkosten sparen, sie geben in Verbindung mit einer Fußbodenheizung ein gutes Wärmegefühl an den Füßen und die Gefahr von Fugen- und Rissbildung ist sehr gering.

– Naturstein für Fußbodenheizung

In Kombination mit einer Fußbodenheizung werden gern leicht poröse Naturstein-Fliesen verlegt, die Wärme besser speichern und gleichmäßig abgeben können. Gute Eigenschaften für eine Fußbodenheizung haben Natursteine wie Sandstein, Kalkstein, Marmor und Travertin. Von allen Naturstein-Sorten die beste Wärmeleitfähigkeit bei einem geringen Wärmedurchlasswiderstand hat Marmor. Marmor besitzt eine doppelt so hohe Wärmeleitfähigkeit wie Fliesen und eine zehnmal so hohe Wärmeleitfähigkeit wie Parkett.

– Untergrund für Naturstein auf Fussbodenheizung

Naturstein kann im Dickbett-Verfahren, im Dünnbett-Verfahren oder dem Mittelbett-Verfahren verlegt werden. Bei allen Verfahren werden die Naturstein-Fliesen mit unterschiedlich dickem Fertig-Mörtel auf einen möglichst ebenen Untergrund aufgebracht. Beim Dickbett-Verfahren kann auf Heizestrich verzichtet werden, wegen seiner geringen Wärmeleitfähigkeit und der Mörteldicke von 30 Millimetern ist der Wärmedurchlasswiderstand im Zusammenhang mit einer Fußbodenheizung aber sehr hoch.

Beim Mittelbett- (Mörtelhöhe 20 Millimeter) und beim Dünnbett-Verfahren (Mörtelhöhe 10 Millimeter) ist die Wärmeleitfähigkeit hoch und eventuelle Unebenheiten können noch ausgeglichen werden. Diese beiden Verfahren benötigen Zementestrich oder Calciumsulfatestrich als Untergrund. Bei allen drei Verfahren ist eine Entkoppelung vom Untergrund durch Randdämmstreifen und durch die Verlegearten Noppensystem oder Tackersystem notwendig.

– Geeignete Naturstein-Sorten für Fußbodenheizung

Die Wärmeleitfähigkeit von Naturstein ist optimal und viel besser als die von vielen anderen Bodenbelägen.

Nachfolgend einige Steinsorten, die sich als Bodenbelag über einer Fußbodenheizung eignen.

Sandstein ist großporig und nach seiner Bearbeitung nicht sehr glänzend.

Je weicher Sandstein ist, umso weniger abriebfest ist er. Das Material ist saugfähig und nimmt unbehandelt leicht Schmutz auf.

Der Stein ist gut spaltbar, aber schlecht zu polieren. Er ist rot oder braun, kann aber auch weißlich-gelb oder grün sein. Kalksteine gehören zu den weicheren Gesteinen. Ihre Abriebfestigkeit ist gering.

Die Wasseraufnahme ist zwar relativ niedrig, aber Säuren können den Stein leicht anlösen. In feuchten Umgebungen ist also eine entsprechende Vorbehandlung unbedingt empfehlenswert. Kalksteine lassen sich sehr gut spalten, aber kaum polieren. Vom Oberflächengefühl sind Kalksteine ebenfalls relativ warm, weshalb sie gerne für Fußbodenheizungen verwendet werden. Kalkstein-Fliesen sind überwiegend hell, grau bis graugelb. Travertin ist ein Kalkgestein und hat entsprechende Eigenschaften.

Anders als Kalkstein lässt sich Travertin aber nicht spalten. Häufig ist er relativ porös und muss ausgespachtelt werden, damit sich kein Schmutz in den Hohlräumen ablagern kann. Travertine sind hellgelb bis braun. Das Material ist durch seine Porosität und sein warmes Oberflächengefühl für Fußbodenheizungen optimal geeignet.

Ebenfalls gut geeignet für den Bodenbelag aus Naturstein sind Schieferplatten oder Granit.

Schiefer ist ein sehr dichtes Gestein und daher ideal in Räumen mit Feuchtebeanspruchung, wie in Bädern und Duschen. Die Wärme wird von Schieferplatten sehr gut gespeichert und deshalb ist dieser Belag ebenfalls als Oberbelag über einer Bodenheizung zu empfehlen.

Granit ist ein sehr hartes Material. Er hat eine unempfindliche, säurebeständige Oberfläche und ist sehr pflegeleicht.

10. Teppich für Fußbodenheizung

Teppich über einer Fußbodenheizung sorgt für Behaglichkeit und Fußwärme. Wichtig ist, dass der Teppich auch für eine Fußbodenheizung geeignet ist. Das sollte man beim Kauf unbedingt beim Fachbetrieb erfragen.

Die Wärmeleitfähigkeit von Teppich ist zusammen mit Korkböden von allen Bodenbelägen die schlechteste. Im Vergleich zu Fliesen gibt Teppich die Wärme zehnmal langsamer an den Raum ab. Trotzdem lassen sich Teppich und Fußbodenheizung gut miteinander kombinieren, denn Teppich hat den angenehmen Effekt, dass er besonders fußwarm ist.

Anstatt die Wärme über den Boden abzuleiten, hält der Teppich sie im Raum. Außerdem könnte wegen der Fußwärme des Teppichs die Heizung zum Ende der Heizperiode früher gedrosselt oder gar abgestellt werden. Wichtig ist dabei die Eignung des Teppichs für Fußbodenheizungen.

– Untergrund für Teppich-Fußbodenheizung

Auf beheizten Böden wird Teppichboden am besten mit einem Spezialkleber verlegt. Teppich darf auf einer Fußbodenheizung generell nicht verspannt werden. Sonst kann es zu unbeabsichtigten Lufteinschlüssen kommen. Loses Verlegen ist möglich, aber nur für einen Teppich, für den der Hersteller diese Verlegetechnik empfiehlt.

– Beschaffenheit und Dicke der Teppich-Fußbodenheizung

Je dicker der Teppich, desto schlechter seine Wärmeleitfähigkeit und desto höher sein Wärmedurchlasswiderstand. Es spielt keine Rolle, ob der Teppichbelag aus Textil-, Kunst- oder Naturfaser besteht. Mittlerweile bietet der Markt eine Vielzahl von Modellen. Als sehr gut geeignet für Fußbodenheizung haben sich der Kokos- und Sisalteppich erwiesen.

Teppich auf Fußbodenheizung hat den Nachteil, dass durch die Heizung viel Staub aufgewirbelt wird. Für Allergiker ist das also nicht gut geeignet. Wer auf einen Teppich bei Fußbodenheizung nicht verzichten möchte, sollte beachten, dass der Energieverbrauch höher wird. Man sollte deshalb überlegen, ob man nicht nur einen kleineren Teppich auf den Boden legt, um nicht die ganze Fläche abzudecken.

11. Korkböden für Fußbodenheizung

Korkböden in Form von Korkparkett und Korkfertigparkett sind grundsätzlich für die Verlegung auf einer Warmwasserfußbodenheizung geeignet. Da Kork ein gutes Dämmmaterial ist, ist die Kombination allerdings nicht ideal.

Während der Heizperiode sollte die Luftfeuchtigkeit reguliert werden. Korkböden haben die niedrigste Wärmeleitfähigkeit von allen in Frage kommenden Bodenbelägen. Im Vergleich zu Parkett leiten die Korkböden die Wärme doppelt so langsam und im Vergleich zu Fliesen sogar zehnmal so langsam.

Der Wärmedurchlasswiderstand von Korkböden hängt davon ab, ob er verleimt und freischwimmend verlegt wird. Korkparkett und Korkfertigparkett: Ein Korkparkett mit 4 Millimeter Stärke hat einen Wärmedurchlasswiderstand von 0,05 m^2K/W und bietet sich gut für eine Warmwasserfußbodenheizung an. Diese Korkböden werden verleimt und benötigen eine gute Trittschalldämmung. Kork-Fertigparkett wird freischwimmend ohne Leim verlegt, hat eine Dicke von 11 Millimetern und ist schon mit einer Trittschalldämmung versehen, hier beträgt der Wärmedurchlasswiderstand 0,13 m^2K/W. Diese Korkböden benötigen eine 0,2 Millimeter starke PE-Folie als Dampfbremse.

Als Heizestrich kommen Zementestrich oder Calciumsulfatestrich in Frage.

– Beschaffenheit der Korkboden-Fußbodenheizung

Die Korkböden werden aus der Rinde der Korkeiche gewonnen und haben eine ganze Reihe von Eigenschaften, die ihn gut geeignet als Bodenbelag für eine Fußbodenheizung machen. Der Korkboden ist elastisch, das heißt, er dämpft die Schritte, schont die Gelenke und bringt von Haus aus gute Dämmeigenschaften mit. Die Korkböden sind leise und haben hervorragende akustische Eigenschaften, denn sie absorbieren den Schall. Außerdem sind die Korkböden fußwarm, denn sie speichern Wärme – so kann die Fußbodenheizung früher abgeschaltet werden.

Die Korkböden sind gesund: Kork bedeutet Entspannung für Allergiker, denn Hausstaubmilben können sich nicht im Boden festsetzen. Zudem sind sie antistatisch, pflegeleicht und einfach hygienisch zu reinigen, darüber hinaus auch sehr beständig. Als Korkparkett kann der Belag auch gut im Nassbereich eingesetzt werden.

Wichtig für die Korkböden auf einer Fußbodenheizung ist die Einhaltung eines gesunden Raumklimas. Es sollte stets eine relative Luftfeuchtigkeit von 55 bis 60 Prozent und eine Raumtemperatur von rund 20 °C herrschen. Bei einer laufenden Fußbodenheizung ist es mit konventionellen Mitteln leider nicht möglich, diese relative Luftfeuchtigkeit einzuhalten.

Es muss daher ein Luftbefeuchtungsgerät eingesetzt werden. Wird über einen längeren Zeitraum eine relative Luftfeuchtigkeit von 45 Prozent deutlich unterschritten, kann dies zu Fugenbildung oder dauerhaften Schäden führen.

Die Luftfeuchtigkeit in Räumen mit einer Fußbodenheizung kann mit Hilfe eines Hygrometers ständig überprüft werden.

Bei allen Arten der vorgängig aufgeführten Materialien muss man sich bewusst sein: Werden diese in einen Nassraum, also in Bad oder Dusche, verlegt, ist eine Flächenabdichtung unter dem jeweiligen Belag unabdinglich, um kein Wasser in den Untergrund dringen zu lassen.

7.2 Materialien einer Fußbodenheizung

Egal ob beim Randdämmstreifen, dem Heizrohr, der Noppen-platte oder dem Heizkreisverteiler, beim Material für die Fuß-bodenheizung sollte man auf Qualität achten. Nachfolgend er-halten Sie eine Übersicht über die Qualitäten und Eigenschaften der verschiedenen Materialien der wichtigsten Elemente einer Fußbodenheizung.

Beim Materialeinkauf und der Verlegung sollte man einen Fachbetrieb für Fußbodenheizung zu Rate ziehen.

Wer sich für eine Fußbodenheizung entscheidet, sollte viel Wert auf hochwertige Qualität des Materials seiner Bodenhei-zung legen. Da die Renovierung oder Sanierung sehr aufwen-dig ist, sollte man Material verwenden, das vor Korrosion, vor Feuchtigkeit und vor Bränden schützt.

7.2.1 Randdämmstreifen

Der Randdämmstreifen besteht aus geschlossenzelligem Polyethy-len-Schaum mit einer seitlich angeschweißten Folienschürze. Der Randdämmstreifen muss lückenlos an allen aufsteigenden Bau-teilen verlegt werden, er verhindert die Schallübertragung und sorgt bei fachgerechtem Einbau für lückenlose Wärmedämmung.

7.2.2 Heizrohr

Während das bevorzugte Material für das Heizrohr früher Kupfer war, werden heute fast nur noch Verbund-Heizrohre aus Kunststoff und Aluminium verlegt.

Das Verbund-Heizrohr zeichnet sich durch hohe Belastbarkeit, hohe Biegsamkeit und eine hohe Sauerstoffdiffusionsdichte aus, um Korrosionsschäden vorzubeugen.

7.2.3 Heizkreisverteiler

Beim Heizkreisverteiler, der für eine gleichmäßige Wärmeverteilung in allen Heizkreisen sorgt, kann sich der Verbraucher für Messing oder Edelstahl entscheiden. Die beiden Materialien sind fast gleichwertig, was ihre Eigenschaften in puncto Vermeidung von Korrosionsschäden angeht.

Da beide Materialien auch gleich im Preis und in der Langlebigkeit sind, kommt es darauf an, wie gut das Material mit den anderen Materialien der Fußbodenheizung harmoniert.

Der Heizkreisverteiler besteht aus einem Vorlaufsystem und einem Rücklaufsystem, entweder aus Edelstahl oder aus Messing, an die die Heizrohre angeschlossen werden. Weitere Komponenten sind ein Stellantrieb, eine Durchflussanzeige, Füll- und Entlüftungsventile, ein Thermostat, eine Regelstation für die Vorlauftemperatur und ein Verteilerschrank.

Im Heizkreisverteiler laufen alle Heizrohre der Fußbodenheizung in einem Verteilerkasten zusammen. In einen Heizkreisverteiler können in der Regel bis zu 12 verschiedene Heizkreise zusammengeschlossen werden. Jeder Heizkreis wird in Vor- und Rücklauf unterteilt. Der Weg vom Heizsystem zur Fußbodenheizung wird dabei als Vorlauf bezeichnet, der Weg von der Fußbodenheizung zum Heizsystem wird als Rücklauf bezeichnet. Die Rohre für Vor- und Rückläufe bestehen entweder aus Edelstahl oder Messing.

7.2.4   Funktion Heizkreisverteiler

Die Funktion vom Heizkreisverteiler der Fußbodenheizung besteht darin, für eine gleichmäßige Wärmeverteilung in allen Heizkreisen zu sorgen. Alle Heizkreise werden jeweils mit einem Vorlauf und Rücklauf an den Heizkreisverteiler angeschlossen. Um eine möglichst gleichmäßige Wärmeverteilung im Raum zu erreichen, sollten Rohre mit gegenläufiger Warmwasser-Fließrichtung verlegt werden.

Dies wird erreicht, indem die Vor- und Rückläufe jeweils nebeneinander angeordnet werden. Im Idealfall werden die Vorlauf- und Rücklaufrohre so verlegt, dass der jeweilige Leitungsweg etwa gleich lang ist.

An dem Heizkreisverteiler der Fußbodenheizung kann jeder einzelne Heizkreis mit Hilfe eines Ventils hydraulisch abgeglichen werden. Die Funktion des hydraulischen Abgleichs ist es, die verschieden hohen Strömungswiderstände der einzelnen Bauteile der Fußbodenheizung anzugleichen. Deshalb sind in den Heizkreisverteiler Durchflussmengenmesser integriert, die

die Funktion haben, den Volumenstrom (in Liter pro Minute) optisch sichtbar zu machen.

7.2.5   Heizrohre für eine Fußbodenheizung

Ein modernes hochwertiges Heizrohr für die Fußbodenheizung ist in der Regel ein Verbund-Heizrohr aus Kunststoff und Aluminium und zeichnet sich durch hohe Belastbarkeit, hohe Biegsamkeit und eine hohe Sauerstoffdiffusionsdichte aus.

Die Qualität einer Warmwasser-Fußbodenheizung wird maßgeblich von der Qualität der Heizrohre bestimmt. Da die Warmwasser Fußbodenheizung eine Niedertemperaturflächenheizung ist, wird das Wasser in den Rohren auf maximal auf 40 °C erhitzt.

Ein modernes Heizrohr zeichnet sich durch seine Zeitstandfestigkeit, eine hohe Belastbarkeit und eine leichte Verlegbarkeit aus.

Unter Zeitstandfestigkeit versteht man eine mechanische Spannung, die bei einem Werkstoff nach einer bestimmten Beanspruchungszeit und bei konstanter Temperatur oberhalb der sogenannten Übergangstemperatur zum Bruch führt. Die Zeitstandfestigkeit wurde durch Zeitstandversuche überprüft. Dabei kam heraus, dass moderne Heizrohre aus Kunststoff und Aluminium bei 90 °C Dauerbetriebstemperatur und einem Betriebsdruck von 6 bar 30 Jahre lang halten.

Da Fußbodenheizungen im Jahresdurchschnitt eine Vorlauftemperatur von 30 °C aufweisen, hält ein modernes Heizrohr ein Leben lang. Bei der Verlegbarkeit kommt es auf den Biegeradius an, der das Fünffache des Außendurchmessers des Innenrohrs nicht unterschreiten sollte. Weitere wichtige Parameter des Heizrohrs, auf die man achten sollte, sind:

» Wandstärke
» Dichte
» lineare Ausdehnungskoeffizient
» Wärmeleitfähigkeit

» maximale Betriebstemperatur
» maximale Betriebsdruck
» Oberflächenrauheit

7.2.6 Heizrohre aus Kupfer oder Kunststoff?

Heizrohre für eine Fußbodenheizung wurden bis Anfang der 80er-Jahre ausschließlich aus Kupfer hergestellt. Danach hielt auch hier der Kunststoff Einzug. Die heute verwendeten Kunststoffrohre für Fußbodenheizungen sind Verbundrohre aus drei Schichten: eine Außenschicht aus Polyethylen, Aluminium und eine Innenschicht aus Polyethylen.

Die Aluminiumlage ist wichtig, damit das Heizrohr sauerstoffdicht ist. Bei den aktuellen Kupferpreisen sind die Heizrohre aus Kunststoff günstiger. Auch haben Heizrohre aus Kunststoff den Vorteil, dass man weniger Verbinder und Winkelstücke braucht und auf das Verlöten verzichten kann.

Das Innenrohr des Heizrohrs für die Fußbodenheizung besteht aus Polyethylen und weist eine hohe Dichte auf. Es ist gegenüber dem unvernetzten Ausgangsmaterial thermisch höher belastbar.

Das Schutzrohr entkoppelt hinsichtlich des Schallschutzes das Innenrohr von der Fußbodenheizung und gewährleistet, dass bei Verlegung direkt im Estrich mit einer maximalen Vorlauftemperatur von 70 °C die nach der bestehenden Estrichnorm zulässigen Temperaturen nicht überschritten werden.

7.2.7 Heizrohr und Sauerstoff

Die modernen Heizrohre aus Kunststoff sind sauerstoffdiffusionsdicht nach DIN 4729 und resistent gegen Ablagerungen. Damit es nicht zu Korrosionsschäden durch Rost am Heizrohr und Heizkessel der Fußbodenheizung kommt, beträgt der Wert für die maximal zulässige Sauerstoffdurchlässigkeit weniger als

0,1 Gramm Sauerstoff pro Tag je Kubikmeter Wasserinhalt der Rohre bei einer Wassertemperatur von 40 °C.

Die meisten Heizrohre haben heute eine Restdurchlässigkeit, die sehr weit unter dem Grenzwert von 0,1 Gramm liegt. Somit dringt an anderen Stellen wie dem Heizkreisverteiler, der aus Pumpen, Schnellentlüftern, Stopfbuchsen, Schiebern und Ventilen besteht, im Laufe eines Jahres weit mehr Sauerstoff in die Fußbodenheizung ein als durch das Heizrohr aus Kunststoff.

7.2.8 Noppenplatten für Fußbodenheizungen

Die Noppenplatte besteht aus einer Polystyrol-Multifunktions-Abdeckfolie mit herausragenden Noppen, in deren Zwischenräume die Heizrohre trittfest eingedrückt werden, und einer Trittschall- und Wärmedämmschicht, die aus Polystyrolschaum besteht.

Die Noppenplatte ist grundsätzlich in zwei Ausführungen erhältlich: mit und ohne Trittschalldämmung. Bei der Ausführung der Noppenplatte mit Trittschalldämmung besteht das Noppensystem für Fußbodenheizung aus zwei Schichten.

Unten liegt eine Dämmschicht aus Polystyrolschaum, die für eine Wärme- und Trittschalldämmung sorgt und zum Brand- und Feuchtigkeitsschutz beiträgt. Die Aufbau-Höhe der Fußbodenheizung vom Rohbodenbelag bis zum Bodenbelag beträgt knapp 10 Zentimeter. Dabei entfallen auf die Wärme- und Trittschalldämmung 35 Millimeter, auf die Heizungsrohre 14 bis 17 Millimeter und auf den Estrich 45 Millimeter.

Je nach Anforderung der Trittschall- und Wärmedämmung beträgt die Dicke der Dämmschicht der Noppenplatte bis zu 50 Millimeter.

Die an zwei Plattenseiten angeformten Verbindungsnoppen ermöglichen eine schnelle und sichere Verbindung und vermeiden Schall- und Wärmebrücken. Die Plattenverbindungstechnik der Noppenplatte ist zerstörungsfrei wieder lösbar.

7.2.9 Dämmschicht der Noppenplatte

Polystyrol wird seit den 1950er-Jahren aus dem Erdölraffinerie-Produkt Styrol hergestellt. Beim Material der Noppenplatte handelt es sich überwiegend um expandierten Polysterolpartikelschaum (EPS).

Durch die Temperatur verdampft das Treibmittel und bläht das thermoplastische Grundmaterial bis auf das 20 bis 50-fache zu PS-Schaumpartikeln auf.

Polysterolpartikelschaum besitzt eine Wabenstruktur, die zur Trittfestigkeit der Noppenplatte beiträgt, ist unverrottbar, wenig elastisch und feuchtebeständig. Polystyrol ist der am häufigsten verwendete Dämmstoff in der Bauwirtschaft, weil er druckfest, temperaturbeständig (bis zu 85 °C), schwer entflammbar und feuchtigkeitsabweisend ist und eine gute Wärmeleitfähigkeit besitzt. Dazu kommt, dass Polystyrol biologisch neutral ist, das heißt, dass das Wasser, das durch das Heizrohr auf der Noppenplatte fließt, keine Rückstände dieses Kunststoffes aufweist.

7.2.10 Wärmedurchlasswiderstand von Bodenbelägen

Entscheidend für die Eignung des Bodenbelags für eine Fußbodenheizung ist zum einen die Dicke des Materials, zum anderen dessen Wärmeleitfähigkeit.

Die beiden Faktoren Dicke und Wärmeleitfähigkeit bestimmen den Wärmedurchlasswiderstand – je niedriger dieser ist, desto besser für die Kombination mit der Fußbodenheizung.

Der Wärmedurchlasswiderstand von 0,15 m^2 K/W darf nicht überschritten werden.

– Wärmedurchlasswiderstand von Bodenbelägen für Fußbodenheizung

Die Dicke eines Bodenbelags (d) geteilt durch die Wärmeleitfähigkeit (λ) ergibt den Wärmedurchlasswiderstand (R). Besteht der Bodenbelag aus mehreren Schichten, so können die Werte der einzelnen Schichten addiert werden. Je höher der Wärmedurchlasswiderstand, desto träger reagiert die Heizung.

Das heißt, es dauert relativ lange, bis der Raum warm wird. Auch die Effizienz der Heizung hängt vom Wärmedurchlasswiderstand ab: Ist dieser hoch, muss auch die Heizwassertemperatur höher sein. Damit steigt der Energieverbrauch. Ein späterer Wechsel des Bodenbelags geht zu Lasten der Effizienz des Heizsystems, wenn damit ein höherer Wärmedurchlasswiderstand verbunden ist. Grundsätzlich kann jeder Bodenbelag auf eine Fußbodenheizung aufgebracht werden. Mancher Bodenbelag eignet sich jedoch besser, ein anderer Bodenbelag weniger gut.

Hier eine Auflistung von einzelnen Bodenbelägen mit dem jeweiligen Wärmedurchlasswiderstand.

Bodenbelag mit hohem Wärmedurchlasswiderstand: Teppich, Kork, Holzdielen, Parkett, Laminat.

Viele Arten von Teppich, selbst preiswerte Exemplare aus Möbelhäusern, können auf Fussbodenheizung verlegt werden. In der Regel ist dies auf der Teppichrückseite angegeben.

Es empfiehlt sich eine vollflächige Verklebung. Der Wärmedurchlasswiderstand beträgt bei einem 4,5 Millimeter starken synthetischen Nadelvlies rund 0,12 m² K/W. Parkett eignet sich meist zur Verlegung auf Fußbodenheizung, auch wenn der Wärmedurchlasswiderstand oft größer ausfällt als bei Laminat: In der Regel liegt der Wärmedurchlasswiderstand zwischen 0,10 und 0,15 m² K/W. In jedem Fall muss auch auf den Wärmedurchlasswiderstand einer separaten Trittschalldämmung geachtet werden.

Holzdielen sind meist dicker als Parkett, auch hier liegt der Wärmedurchlasswiderstand zwischen 0,10 und 0,15 m² K/W.

Korkböden haben sehr hohe Dämmwerte und mit 0,13 m² K/W den höchsten Wärmedurchlasswiderstand aller Bodenbeläge.

Laminat hat als Bodenbelag nach Kork die schlechteste Wärmeleitfähigkeit. Bei einer Stärke von 9 Millimeter ergibt sich ein Wärmedurchlasswiderstand von 0,044 m² K/W.

Bodenbeläge mit niedrigem Wärmedurchlasswiderstand: Fliesen und Naturstein sind der ideale Bodenbelag der Fußbodenheizung. Durch die relativ kurze Aufheizzeit sind Fliesen ein ideales Material für eine Fußbodenheizung. Fliesen und Naturstein speichern Wärme und geben sie kontinuierlich in den Raum ab.

7.3 Unterlagsboden

7.3.1 Heizestrich für Fußbodenheizungen

Als Heizestrich bezeichnet man einen mineralischen Estrich-Fußbodenaufbau, der mit Heizelementen versehen ist, die den darüber befindlichen Raum von unten erwärmen.

Ein Heizestrich kommt häufig in Kombination mit einer Fußbodenheizung zum Einsatz. In der Mehrzahl der Fälle liegen die Heizrohre des Heizestrichs im Estrichquerschnitt.

Somit kommt der Heizestrich als Heizkörper zum Einsatz und erwärmt den Raum. Heizestrich wird als Fließestrich oder als Zementestrich eingebracht. Die Heizrohre des Heizestrichs werden mit dem Noppensystem oder dem Tackersystem auf einer Wärme- und Trittschalldämmung befestigt.

Die Heizrohre müssen vor dem Zeitpunkt der Heizestrich-Verlegung der Fußbodenheizung unbedingt mit Wasser gefüllt sein. Nur so lassen sich eventuelle undichte Stellen erkennen und sofort beheben. Heizestriche werden in der Regel als Fließestrich aufgebracht. Da sich der Heizestrich durch Erwärmung der Fußbodenheizung ausdehnt, ist es wichtig, dass er keinen unmittelbaren Kontakt zu tragenden Bauteilen hat. Das bedeutet, man muss einen schwimmenden Heizestrich verwenden. Dies erreicht man, indem kein direkter Kontakt des Heizestrichs mit angrenzenden Wänden, Pfeilern und Ähnlichem entsteht.

Um die Wärmeausdehnung abzufedern und Risse zu vermeiden, ist die Verlegung eines Randdämmstreifens wichtig. Er nimmt eine ungefähre Dicke von 10 Millimeter ein.

7.3.2 Anhydritestrich

Der Anhydritestrich oder Calciumsulfatestrich wird bei der Fußbodenheizung als Fließestrich eingesetzt.

Ein dichter Anschluss an die Heizrohre und die hohe Wärmeleitfähigkeit, die über den in der DIN 4108 für Zementestrich geltenden Werten für die Wärmeleitfähigkeit liegen, gewährleisten eine gleichmäßige Wärmeabgabe.

Durch seine geringere Dicke von nur 45 Millimeter über dem Heizrohr hat der Anhydritestrich eine kurze Trockenzeit von maximal 7 Tagen. Der Anhydritestrich hat sehr hohe Biege- und Zugfestigkeitswerte, was das Risiko von Rissen verringert. Nicht geeignet ist der Anhydritestrich für den Außenbereich, da er empfindlich gegen Feuchtigkeit ist.

– Anhydritestrich für Fußbodenheizungen

Der Anhydritestrich ist ein sehr beliebter Heizestrich bei der Fußbodenheizung, weil er eine kürzere Bauzeit (früh begeh- und belastbar) benötigt, ökologisch und biologisch unbedenklich ist und sich sauber und ohne extremen körperlichen Einsatz einbringen lässt. Außerdem besitzt Anhydritestrich eine optimale Wärmeleit- und Wärmespeicherfähigkeit, ist nicht brennbar sowie spannungsarm.

– Anhydritestrich als Heizestrich für eine Fußbodenheizung

Im Vergleich zum Zementestrich kommt der Anhydritestrich mit einer geringeren Bauzeit aus, da er schneller trocknet, und schon 7 Tage nach seiner Verlegung aufgeheizt werden kann. Gegenüber Zementestrich besitzt der Anhydritestrich eine geringere Festigkeit und darf entsprechend weniger stark belastet werden.

– Bestandteile und Eigenschaften des Anhydritestrichs

Der Anhydritestrich oder Calciumsulfatestrich besteht aus Anhydritbinder, Gesteinskörnung und Zugabewasser. Hauptbestandteil das Bindemittel Anhydrit, das mit Wasser relativ schnell zu Gips hydratisiert und sich dabei verfestigt. In der Regel wird bei der Fußbodenheizung synthetischer Anhydrit verwendet, der durch Brennen von Gips gewonnen wird. Seltener wird auch mineralischer Naturanhydrit eingesetzt.

Der Anhydritestrich wird bei der Fußbodenheizung als Fließestrich eingesetzt. Ein dichter Anschluss an die Heizrohre und die hohe Wärmeleitfähigkeit, die über den in der DIN 4108 für Zementestrich geltenden Werten für die Wärmeleitfähigkeit liegen, gewährleisten eine gleichmäßige Wärmeabgabe vom Heizrohr zur Raumumgebungsluft.

Durch seine geringere Stärke von nur 45 Millimetern über dem Heizrohr hat der Anhydritestrich eine kurze Aufheizzeit von 7 Tagen. Der Anhydritestrich hat sehr hohe Biege- und Zugfestigkeitswerte, was die Wahrscheinlichkeit von Rissen verringert.

– Handhabung bei Fußbodenheizung

Der Anhydritestrich für die Fußbodenheizung kann fertig im Fahrmischer angeliefert und mit einer am Fahrzeug oder separat beigestellten Schnecken- oder Kolbenpumpe schnell eingebaut werden. Durch die flüssige Konsistenz kann die Begradigung des Fließestrichs fast von selbst erfolgen. Nach dem Einpumpen wird der Estrich mit einem groben Straßenbesen oder mit einer Schwabbelstange durchgeschlagen, um eingeschlossene Luftblasen zu entfernen.

Anhydritestrich weist geringe Schwindwerte bei Erhärtung und Trockenzeit auf und kann daher in Flächen zeitsparend und in einem durchgehenden Arbeitsgang grossflächig eingebracht werden. Dehnungsfugen sind notwendig, wenn die Seitenlänge der Estrichfläche mehr als 6 Meter beträgt.

– Trockenzeit und Restfeuchte

Die Trockenzeit des Anhydritestrichs bei der Fußbodenheizung beträgt maximal 7 Tage. Die Restfeuchte darf maximal noch bei 0,5 Prozent liegen, bevor man mit der Aufheizung der Fußbodenheizung beginnen darf. Bei der Verlegung von Fliesen darf die Restfeuchte nur noch 0,2 Prozent betragen.

7.3.3 Zementestrich

Zementestrich besteht aus Zement, einer Gesteinskörnung wie Sand oder Kies, eventuellen Zusatzmitteln und Wasser. Die weichplastische Konsistenz des Zementestrichs bei Verlegung der Fußbodenheizung kann durch Zugabe geeigneter Mittel von Estrichzusatz erreicht werden. Zementestrich weist bei der Verlegung einer Fußbodenheizung eine Dicke auf, die rund 10 Millimeter mehr misst als bei Fließestrich.

Die Trockenzeit des Zementestrichs beträgt bis zur Belegreife mindestens 28 Tage. Auch muss der Zementestrich nach dem Einbringen auf die Fußbodenheizung mindestens noch eine Woche vor Wärme und Zugluft geschützt werden.

Der Zementestrich ist sowohl für den Innen- als auch für den Außenbereich gut geeignet.

– Zementestrich für Fußbodenheizungen

Zementestrich ist die am meisten verwendete Estrich-Art. Fast jeder zweite Estrich ist ein Zementestrich. Dies liegt an seinen universellen Einsatzmöglichkeiten und Eigenschaften. Zementestrich hat gute Festigkeitswerte, ist unempfindlich gegen Feuchtigkeit. Er kann daher im Innen- und Außenbereich verlegt werden und ist zudem als Heizestrich bei der Verlegung von Fußbodenheizung geeignet.

Die Trockenzeit bis zur Belegreife beträgt mindestens 28 Tage.

– Die Verarbeitung des Zementestrichs

Zementestrich ist sofort nach Beendigung des Mischvorganges oder nach Anlieferung auf die Fußbodenheizung einzubringen. Dazu kann er entweder mit Schubkarren verteilt oder in weichplastischer Konsistenz über Schlauchleitungen zur Fußbodenheizung gepumpt werden.

Die Heizrohre sind bei der Zementestrich-Einbringung an den Gefahrenstellen durch Unterlegen von Bohlen oder Schalttafeln vor Beschädigung zu schützen.

Bei Einbringung auf die Fußbodenheizung darf die Temperatur des Zementestrichs 5 °C nicht unterschreiten.

Sie soll auch anschließend wenigstens 3 Tage lang auf mindestens 5 °C gehalten werden.

– Die Dicke des Zementestrichs

Zementestrich weist bei der Verlegung einer Fußbodenheizung eine Dicke auf, rund 10 Millimeter mehr als bei Fließestrich – also 45 bis 55 Millimeter. Da Heizestriche wesentlich dicker als normale Estriche ausgeführt werden, kann hier der Zementgehalt zur Steigerung der Festigkeit auf 320-350 kg/m^3 angehoben werden. Aufgrund der größeren Dicke wirken sich Verkrümmungen nicht so stark aus wie bei normalen Estrichen mit geringer Dicke.

Die weichplastische Konsistenz des Zementestrichs kann durch Zugabe von Estrichzusatz erreicht werden.

– Die Trockenzeit des Zementestrichs

Die Trockenzeit des Zementestrichs beträgt bis zur Belegreife mindestens 28 Tage. Auch muss der Zementestrich nach dem Einbringen auf die Fußbodenheizung mindestens noch eine Woche vor schädlichen Einwirkungen, wie zum Beispiel Wärme und Zugluft, geschützt werden. Andernfalls kann sich, durch die zu schnelle Abtrocknung der Zementestrich-Oberseite, eine Verkrümmung der Estrichfläche einstellen.

Zementestriche sollten nicht vor Ablauf von 3 Tagen begangen und nicht vor Ablauf von 7 Tagen höher belastet werden. Die Aufheizung darf ohne besondere Estrichzusätze erst nach einer Trockenzeit von mindestens 28 Tagen erfolgen. Soll der Zementestrich mit einem Bodenbelag versehen werden, so muss die Trocknung so weit fortgeschritten sein, dass er nur noch eine Restfeuchte von maximal 2,0 CM-Prozent (unbeheizt), bzw. 1,8 CM-Prozent (beheizt) aufweist. Diese Werte können herstellerbedingt abweichen und sollten auf dem jeweiligen Produktdatenblatt nachgelesen werden.

Vor dem Einbau des entsprechenden Oberbelages ist unbedingt eine Feuchtigkeitsmessung mit dem CM-Messgerät auszuführen.

7.3.4   Estrichzusatz

Estrichzusatz wird bei Zementestrich eingesetzt, um ihn bei der Verlegung einer Fußbodenheizung elastischer zu machen. Estrichzusatz bei Zementestrich hilft auch, die Wassermenge zu verringern, die Dicke zu reduzieren, die Trockenzeit zu verkürzen und die Festigkeit zu erhöhen.

7.3.5 Fließestrich für Fußbodenheizungen

Bei der Verlegung einer Fußbodenheizung wird in der Regel schwimmender Fließestrich benutzt, der eine Dicke von 35 bis 45 Millimetern aufweist.

Der Fließestrich besteht aus Calciumsulfat, trocknet schnell, ist sauber und schnell zu verlegen, er ist sehr effizient bei der Wärmeabgabe und trittsicher im Wohnalltag.

– Fließestrich als Heizestrich für Fußbodenheizungen

Fließestrich besteht aus wasserfreien Gips (Calciumsulfat), dem zur Verarbeitung auf einer Fußbodenheizung noch Wasser beigegeben wird. Fließestrich, auch Calciumsulfatestrich oder Anhydritestrich genannt, ist durch seine flüssige Konsistenz selbstnivellierend, was den Vorteil mit sich bringt, dass er nicht geglättet, verdichtet oder durch Bewegung verteilt werden muss. Fließestrich wird als Heizestrich eingesetzt, weil er sich bei der Fußbodenheizung durch seine hervorragenden Wärmeleitfähigkeiten auszeichnet, eine leichte Verarbeitung aufweist und eine kurze Trockenzeit besitzt.

Im Nassbereich muss Calciumsulfatestrich oder Anhydritestrich abgedichtet werden, da dieser Gipsanteile enthält und bei Kontakt mit Wasser zu faulen beginnt.

– Die Verarbeitung des Fließestrichs

Die Verarbeitung von Fließestrich beim Verlegen der Fußbodenheizung ist sauber, einfach und schnell. Bei der Verarbeitung von Fließestrich muss darauf geachtet werden, dass die Heizrohre mit Wasser gefüllt und am Untergrund der Wärme- und Trittschalldämmung ausreichend befestigt sind, damit sie beim Vergießen des Estrichs nicht aufschwimmen.

Weiterhin muss darauf geachtet werden, dass der Estrich schwimmend verlegt wird, das heißt, der Estrich darf mit keinen tragenden Bauteilen in Berührung kommen, um Wärme- und Schallbrücken zu verhindern.

Um eine gute Verarbeitung zu erreichen, werden am Rand Randdämmstreife aufgeklebt.

– Die Dicke des Fließestrichs

Die Dicke des Fließestrichs ist abhängig von der Estrichbauart, dem jeweiligen Verwendungszweck (der zu erwartenden Belastung) und von der Festigkeit des Estrichs. Die Dicke des Fließestrichs bei der Verlegung der Fußbodenheizung sollte dabei immer auf das statisch notwendige Maß beschränkt sein, um die Trocknungszeit so gering wie möglich zu halten.

Der Fließestrich hat bei gleicher Festigkeitsklasse in der Regel höhere Biegezugfestigkeiten als Zementestrich und kann somit in geringeren Schichtdicken eingebracht werden. Auch materiell bedingt gibt es Unterschiede, so kann ein Fließestrich in der Regel mit einer mindestens 10 Millimeter geringeren Dicke eingebracht werden als ein Zementestrich.

Bei der Verlegung einer Fußbodenheizung wird ein schwimmender Fließestrich auf einer Wärme- und Trittschalldämmung mit einer Mindestdicke von 35 Millimetern ausgeführt.

– Die Trockenzeit des Fließestrichs

Die Trockenzeit des Fließestrichs hängt davon ab, ob er in der richtigen Dicke aufgebracht wurde.

Der Fließestrich trocknet dreimal so schnell wie Zementestrich, weil durch die fließfähige Konsistenz die Heizrohre optimal umschlossen werden und der Belag sich dreimal so schnell erwärmt. Die Trockenzeit beträgt 5 bis 7 Tage.

– Faserbewehrte Estriche

Um die Biegezugfestigkeit von Heizestrich zu ändern, wird er oft mit Fasern bewehrt. Beim Zementestrich ist es Glasfaser. Diese Fasern gehen keine chemische oder mechanische Verbindung mit dem Zementestrich ein.

Sie dienen dazu, die Bildung großer Zementkristalle zu unterbinden. Dadurch entstehen mehr Kristalle und es steigt die Elastizität.

Calciumsulfatestrich enthält sehr viele kleine Kristalle. Sie erhalten eine Faserbewehrung durch organische Zusätze, wie zum Beispiel Mehl, Haare oder auch andere organische Stoffe. Um diese Zusätze, die auch als Kristallisationskeime bezeichnet werden, bilden sich „Gipsstäbchen" oder größere Kristalle, die die Elastizität des Calciumsulfatestrichs verringern.

– Randdämmstreifen verlegen

Randdämmstreifen haben eine Dicke von mindestens 8 Millimeter, bestehen aus Polyethylen-Schaum und verhindern beim Verlegen von Fußbodenheizungen die Übertragung von Schallwellen an Wände oder Decken.

Wichtig ist, dass Randdämmstreifen lückenlos an allen aufsteigenden Bauteilen verlegt werden und mindestens 10 bis 15 Millimeter über die fertige Estrichkonstruktion reichen. Die an den Umfassungswänden zu installierenden Randdämmstreifen müssen an jeder Stelle der Wand, an Türaussparungen und auch an Säulen oder Vorsprüngen vorhanden sein, wenn eine Warmwasser-Fußbodenheizung verlegt wird.

Die Randdämmstreifen nehmen die Dehnung des Estrichs auf, sorgen für lückenlose Wärmedämmung, verhindern Schallbrücken und tragen somit zum Schallschutz des Hauses bei. Der Randdämmstreifen ist für Zementestriche und Fließestriche in Verbindung mit dem Noppensystem und dem Tackersystem vorgesehen.

7.3.6 Aufbau, Handhabung und Dicke des Randdämmstreifens

Beim Verlegen der Fußbodenheizung ist der erste Arbeitsschritt die lückenlose Aufstellung des Randdämmstreifens an allen aufsteigenden Bauteilen wie Außen- und Innenwänden, Säulen und Türzargen.

Es ist wichtig, dass im Verlauf des Verlegens kein Heizestrich, Putzmörtel, keine Fugenmasse oder sonstige Fremdstoffe in die Randfugen eindringen, um keine Wärme- und Schallbrücken zu erzeugen. Der nach oben überstehende Teil des Randdämmstreifens darf erst nach Fertigstellung der Belagsarbeiten des Fußbodens entfernt werden. Bei mehrlagigen Dämmschichten muss der Randdämmstreifen, dessen Dicke sich nach der Höhe der Dämmschichten richtet, vor dem Einbringen der obersten Dämmschicht verlegt werden. Der Randdämmstreifen muss gegen eine Lageveränderung beim Einbringen des Estrichs mittels Antackern oder Ankleben gesichert sein.

Heizestriche erfahren aufgrund der Wärmebeanspruchung eine größere Ausdehnung als unbeheizte Fußbodenkonstruktionen. Da die Ausdehnungsmöglichkeit von Heizestrich rund 5 Millimeter beträgt, muss das Verlegen der Randdämmstreifen dem Rechnung tragen.

Das heißt, die Randdämmstreifen müssen eine Bewegung oder Zusammendrückbarkeit von 5 Millimeter aufweisen. Die Randdämmstreifen sind entweder bis zur Rohdecke hinführend zu verlegen, oder aber auf der Oberfläche der untersten Dämmlage. Die Randdämmstreifen müssen mindestens 10 bis 15 Millimeter über die fertige Estrichkonstruktion reichen.

Der Randdämmstreifen einer Fußbodenheizung besteht aus geschlossenzelligem Polyethylen-Schaum mit einer seitlich angeschweißten Folienschürze. Falls Brandschutzauflagen zu erfüllen sind, kann der Randdämmstreifen auch aus Mineralwolle bestehen. Es muss darauf geachtet werden, dass die am Randdämmstreifen befestigte Polyethylen-Folie über dem Maß zwischen Randdämmstreifen und Verbundplatten gelegt wird (wichtig bei der Verwendung von Fließestrich), um das Eindringen von Estrichanmachwasser und Zementschlamm und damit die mögliche Bildung von Schall- und Wärmebrücken zu verhindern.

Als zusätzliche Wärme- und Schallschutzmaßnahme wird hierbei noch das Polyethylen-Rundprofil zum Fixieren des Randdämmstreifens eingesetzt.

7.3.7 Wassergeführte Fußbodenheizungen

Die wassergeführte Fußbodenheizung funktioniert mit Kupfer- oder Kunststoffrohren, die in Schneckenform in den Boden verlegt werden. So wird jede Stelle gut erreicht und es entstehen keine heißen oder kalten Stellen.

Durch diese Rohre läuft heißes Wasser, das dabei den Boden oder die Wand erwärmt. Diese Erwärmung wird als sehr angenehm empfunden, weil nicht zunächst die Luft erhitzt wird, sondern direkt der Boden, auf dem man läuft. Kalte Füße gehören somit auch im Winter der Vergangenheit an.

Weiterhin ist die Fußbodenheizung hygienisch, weil kein Staub aufgewirbelt werden kann und das Risiko der Schimmelbildung auf Grund der trockenen Wände minimiert wird.

7.3.8 Elektrische Fußbodenheizung

Neben der wassergeführten Fußbodenheizung können Sie sich auch für die elektrische Variante entscheiden. Der Vorteil ist, dass diese Heizung oftmals nur wenige Millimeter dünn ist und ohne heißes Wasser betrieben wird. Sie benötigen keinen Heizkessel, der dieses Wasser erhitzt, sondern nur einen Stromanschluss.

Die elektrische Fußbodenheizung gibt es in den Varianten mit Nachtstrom als Speicherheizung oder als Direktheizung, die sofort heizen, wenn Sie es möchten.

Die Kosten für den Einbau der Heizung sind relativ gering, allerdings sind die Heizkosten gegenüber der Warmwasserbodenheizung wesentlich höher.

– Dämmung unbedingt vornehmen!

Die Dämmung des Hauses ist sehr wichtig für einen niedrigen Energieverbrauch, aber vergessen Sie dabei nicht, auch die Fußbodenheizung zu dämmen. Sonst strömt die warme Luft auch nach unten und verpufft oftmals im Boden oder durch die Außenwände. Dies führt zu hohen Kosten und macht die Fußbodenheizung unwirtschaftlich.

Eine Fußbodenheizung kann bis zu 10 Prozent mehr Energie sparen als ein konventioneller Heizkörper. Allerdings kann sich diese Bilanz auch ins Negative verändern, so dass die Fußbodenheizungen mehr Energie benötigen, wenn die Dämmung schlecht gemacht ist oder gar nicht vorhanden ist. Zunächst ist die eigentliche Dämmung des Hauses ein wichtiger Punkt, damit keine Wärmeenergie durch die Wände, Fenster oder Spalten entweicht und Sie nicht sprichwörtlich „für draußen heizen". Wenn dieser Punkt erfüllt ist, muss die Fußbodenheizung trotzdem gedämmt werden, da sonst die erzeugte Wärme über den Keller oder direkt in das Erdreich strömt. Dies treibt die laufenden Kosten in die Höhe und ist umweltschädlich, da die Wärme ungenutzt verpufft.

– Einbau der Dämmung

Bevor die Dämmung der Fußbodenheizung beginnen kann, müssen auf der Rohdecke des Gebäudes alle Leitungen, so weit nötig, zum Verteilen gelegt werden. Als nächster Schritt wird die erste Lage der Dämmung aufgebracht. Dabei müssen Aussparungen für die Leitungen geschnitten werden, die vorher auf der Rohdecke verlegt wurden.

Darauf kommt die Trittschalldämmung, damit das Gehen auf dem fertigen Boden angenehm und nicht unnötig laut ist.

Wenn unter diesem Raum sich ein weiterer Raum befindet, dann wird die Lärmbelästigung für diesen minimiert. Ein Randdämmstreifen schützt gegen das Austreten der Wärme in Richtung der Wände.

Auf die Trittschalldämmung kommt eine zweite Lage Dämmung für die Fußbodenheizung. Diese Dämmung ist oftmals mit der Verlegeplatte kombiniert. Nach dieser Dämmung können die eigentlichen Rohre oder Leiterbahnen für die Heizung verlegt werden.

Je nach Art der Fußbodenheizung werde diese mit einer Schicht Estrich überzogen. Der letzte Schritt ist das Verlegen des eigentlichen Belags.

7.3.9 Trockenestrich

Als Alternative für den herkömmlichen Zement- bzw. Anhydritestrich gibt es die Variante des Bodenaufbaus mit Trockenestrich.

Die Kombination Fußbodenheizung und Trockenestrich ist gerade bei der Sanierung von Altbauten beliebt. Zum einen kann die geringe Aufbauhöhe ein Vorteil sein, zum anderen ist das relativ geringe Gewicht der Aufbauten beispielsweise bei Holzdecken relevant.

Insgesamt bietet der Trockenbau natürlich den Vorteil, dass keine Feuchtigkeit in das Gebäude eingebracht wird. Im Gegensatz zu einem Estrich im Nassverfahren geht das Verlegen der Trockenestrichplatten auch deutlich schneller und ist mit weniger Aufwand verbunden.

– Verlegen der Fußbodenheizung mit Trockenestrich

Voraussetzung für den Trockenestrich-Aufbau mit Fußbodenheizung ist ein ebener Untergrund. Ist dieser nicht gegeben, muss er durch einen Ausgleich mit Nivelliermasse (bis 20 Millimeter), durch eine ungebundene Schüttung (bis 100 Millimeter) oder eine gebundene Schüttung (bis 2000 Millimeter) geschaffen werden.

Die Fußbodenheizungsformplatten mit den Heizschlangen können dann auf dem Untergrund/der Ausgleichsebene verlegt werden.

Gegebenenfalls wird hier aus bauphysikalischen Gründen eine zusätzliche Dämmschicht eingebracht. Zwischen Untergrund und Heizungsformplatten kann zudem eine lose verlegte 10 Millimeter starke Gipsfaserplatte lastverteilend wirken.

Wichtig ist, dass zwischen Fussbodenheizung und Trockenestrichplatten eine Trennlage eingebaut wird, die verhindert, dass Estrichelemente und Fussbodenheizsystem verkleben. Die Heizschlangen der Fussbodenheizung liegen in Formplatten. Die Wärme wird über Wärmeleitbleche in den Raum abgegeben.

Über dieser Ebene verhindert eine Trennschicht das Verkleben von Fußbodenheizsystem und Trockenestrichelementen, die zunächst abschließend verlegt werden.

Als Bodenbelag auf den Estrichelementen sollte ein Material gewählt werden, das die Wärme der Heizung nicht zu stark dämmt.

Solche Systeme gibt es von mehreren Herstellern. In der Regel sind hier die verwendeten Estrichelemente besonders aufgebaut und enthalten auch Vorfräsungen für die Leitungen, um die Wärmeübertragung optimal zu gewährleisten. Üblicherweise sind bei solchen Systemen auch rund 20 Millimeter Ausgleichsschüttung vorgesehen, um einerseits einen dämmenden Effekt und andererseits den vollständigen Ausgleich von Unebenheiten sicherzustellen. Solche Fertigsysteme sind in der Regel auch als lastverteilende Schicht speziell abgestimmt. Vielfach werden sie nur ineinander geklickt. Bei anderen Systemen werden die Kupferrohre der Heizung auf spezielle Systemplatten aufgebracht, darüber kommen dann Wärmeleitbleche und Wärmeleitlamellen, darüber eine Abdeckfolie und erst dann die Trockenestrichelemente – das entspricht weitestgehend dem klassischen Aufbau von Trockenestrich mit Fußbodenheizung, allerdings mit exakt aufeinander abgestimmten Elementen eines einzelnen Herstellers.

– Einbau

Die Fußbodenheizung mit Trockenestrich lässt sich vergleichsweise schnell verlegen. Hausbesitzer müssen dazu keine Feuchtigkeit in das Gebäude einbringen und profitieren darüber hinaus auch von einer kurzen Reaktionszeit. Denn da die Heizrohre des Flächenheizsystems nah unter dem Bodenbelag liegen, kommt die transportierte Heizwärme schon nach kurzer Zeit im Raum an. Damit der Trockenbau problemlos funktioniert, ist der richtige Aufbau der Trockenstrich-Fußbodenheizung wichtig.

Dieser besteht aus

» Trockenschüttung, gebundener Schüttung oder Nivelliermasse
» Zusatzdämmung unter den Heizflächen
» Randdämmstreifen, umlaufend im Raum
» speziellen Trägerplatten für die Heizrohre
» Wärmeleitblechen und dünnen Heizrohren
» Trennschicht und Trockenestrichelemente

**– Ausgleichsschüttung und Zusatzdämmung
als Basis der Systeme**

Damit die Trockenestrich-Fußbodenheizung sicher und fest auf dem Untergrund aufliegt, sollten Heimwerker zuvor alle Unebenheiten beseitigen. Möglich ist das mit einer Trockenschüttung, einer gebundenen Schüttung oder einer sogenannten Nivelliermasse.

Damit die Wärme der Flächenheizung auch im Raum ankommt, muss außerdem eine Bodendämmung vorhanden sein. Das gilt vor allem für Räume über dem Erdreich oder unbeheizten Kellern. Denn hier besteht die Gefahr, dass ein großer Teil der Heizwärme nach unten strömt.

Der eigentliche Raum wird unterversorgt und die Heizkosten sind dann höher als nötig.

– Randdämmstreifen und Trägerplatten im Trockenestrichsystem

Ein Randdämmstreifen besteht aus einer schlanken Dämmlage, die ringsum im Raum zu verlegen ist. Sie wird an die aufsteigenden Wände geklebt und hat mehrere Funktionen. So entkoppelt sie den Oberboden schalltechnisch von den Wänden und sorgt dafür, dass sich der Fußboden später bewegen kann. Möglich ist das durch die wechselnden Temperaturen zwischen Heizphasen und Heizpausen.

Spezielle Trägerplatten nehmen die Heizrohre auf und erfüllen damit die gleiche Funktion wie die Platten im Noppensystem oder Tackersystem bei einer nass verlegten Fußbodenheizung.

– Wärmeleitbleche und Rohre der Trockenestrich Fussbodenheizung

Die Heizrohre liegen im Trockenestrichsystem dicht unter dem Bodenbelag und werden anders als bei einem Nasssystem nicht vom Estrich umschlossen. Das geht zu Lasten der Wärmeübertragung. Für Abhilfe sorgen hier spezielle Wärmeleitbleche, die die transportierte Heizenergie gleichmäßig an die Systemplatten übertragen.

– Trennfolie und Trockenestrichplatten unter dem Bodenbelag

Eine Trennfolie entkoppelt die Trockenestriche vom Unterbau und ermöglicht eine schwimmende Verlegung.

Nur so kann sich der Boden später ohne Probleme bewegen. Geht es um die Art der Trockenestriche, kommen heute verschiedene Materialien zum Einsatz. Typisch sind Gipsfaser-Platten (Fermacell), Holzwerkstoffplatten, zementgebundene Holzspanplatten sowie Betonwerkstein- oder Naturwerksteinplatten. Es werden Komplettsysteme mit genau aufeinander abgestimmten Komponenten eingebaut.

– Anleitung Trockenestrichsystem

Ist der Aufbau bekannt, lässt sich die Trockenestrich-Fussbodenheizung in der Regel schnell und einfach installieren.

Folgende 6 Schritte sind dazu nötig:

1. Unebenheiten beseitigen und Boden dämmen
2. Randdämmstreifen an den Wänden anbringen
3. Trockenestrichplatten im Raum verlegen
4. Wärmeleitbleche und Heizrohre auslegen
5. Trennfolie und Estrichelemente verlegen
6. Geeigneten Bodenbelag auswählen und aufbringen

Schritt 1: Für einen ebenen Untergrund sorgen

Vor allem beim Renovieren alter Häuser kann der alte Boden sehr uneben sein. Für einen stabilen Sitz der Trockenestrich-Fußbodenheizung müssen Hausbesitzer diese Unebenheiten ausgleichen. Möglich ist das mit einer Ausgleichsschüttung oder einer Nivelliermasse. Außerdem sind Böden über Außenluft, Erdreich oder unbeheizten Räumen zu dämmen. Für die Zusatzdämmung eignen sich druckfeste Platten verschiedenster Materialien.

Übrigens: Während die Nivelliermasse nur für geringe Unebenheiten infrage kommt, eignet sich die lose Schüttung für Unebenheiten von bis zu 100 Millimetern. Bei offen liegenden Balken oder im Bodenaufbau verlegten Rohrleitungen sollte hingegen die gebundene Ausgleichsschüttung zum Einsatz kommen.

Schritt 2: Randdämmstreifen anbringen

Anschließend tackert oder klebt man die Dämmstreifen an die aufsteigenden Wände. Damit Heimwerker Schallbrücken bei der Installation ausschließen können, befestigen sie den Streifen bei Aufbauhöhen von mehr als 30 Millimeter innerhalb der

Systemebene. Sie müssen die Tackernadeln also nah am Boden anbringen. Ist die Aufbauhöhe der Trockenestrich-Fußbodenheizung geringer als 30 Millimeter, sollten die Tackernadeln weit oben am Dämmstreifen angebracht werden.

Übrigens: Der Dämmstreifen dient der Schallentkopplung und muss umlaufend angebracht sein. Vor allem in den Raumecken ist dabei darauf zu achten, die Dämmung passgenau anzubringen. Wer die Maßnahme unsachgemäß ausführt, riskiert Einbußen bei der Dämmleistung, die sich später kaum beseitigen lassen.

Schritt 3: Trockenestrichplatten anbringen

Im nächsten Schritt können Heimwerker beim Renovieren die Trockenestrichplatten ausbringen. Dazu beginnen sie in einer der äußeren Raumecken und befestigen die Platten nach Herstellerangaben untereinander. Sind die Platten vom Trockenestrichsystem mit Nut und Feder ausgestattet, ist die Feder an den Randplatten zu entfernen.

Schritt 4: Wärmeleitbleche und Heizrohr verlegen

Anschließend verlegen Sie die Wärmeleitbleche in die Systemplatten. Hierbei ist darauf zu achten, die passenden Verlegeabstände einzuhalten. Diese basieren unter anderem auf der Heizlast im Raum und den Einstellungen der Heizung. Sie sollten vor der Montage von einem Experten ermittelt werden. Danach folgt das Verlegen der Heizrohre in den Wärmeleitblechen. Sie versorgen die Trockenestrich-Fußbodenheizung später mit thermischer Energie.

Übrigens: Der Anschluss der Kunststoffrohre erfolgt am vorher installierten Verteiler. Dieser lässt sich entweder vor der Wand oder in einer eigens erstellten Aussparung aufstellen. Er verbindet die Heizungsanlage mit den einzelnen Kreisen der Trockenestrich-Fußbodenheizung und sollte von einem Fachmann installiert werden. Dieser kann sich auch um den hydraulischen Abgleich kümmern und dafür sorgen, dass das Heizwasser effizient durch das System fließt.

Schritt 5: Trennfolie und Trockenestrichplatten montieren

Danach bringen Sie eine Trennfolie über den Trägerplatten aus. Ist das erfolgt, können sie auch die Trockenestrichplatten nach Herstellerangaben verlegen.

Schritt 6: Bodenbelag auswählen und fachgerecht verlegen

Jetzt folgt der Bodenbelag, der bei einer Trockenestrich-Fußbodenheizung oft ohne lange Wartezeit verlegt werden kann.

Infrage kommen hier Fliesen, Vinylböden, Laminat, Parkett oder sogar Teppichböden. Da sich alle unterschiedlich auf die Wärmeverteilung auswirken, sollte die Art des Bodens bereits vor der Trockenestrich-Fußbodenheizung-Montage feststehen. Bei der Auswahl der Materialien kommen ausschließlich solche Produkte infrage, die auch für Fußbodenheizungssysteme geeignet sind. Das geben Hersteller in der Regel in den Produktunterlagen oder direkt auf der Verpackung an.

Übrigens: Wer sich für Fliesen entscheidet, sollte vor dem Kauf prüfen, ob die gewünschten Formate für die Trockenestrichplatten zugelassen sind. Das schützt vor bösen Überraschungen und beugt Folgeschäden vor.

– Vor- und Nachteile der Trockenestrich Fußbodenheizung

Wer sich für ein Trockenestrichsystem von Herstellern entscheidet, profitiert von vielen Vorteilen. So zum Beispiel von einer schnellen und schonenden Verlegung, einer kurzen Belegreife und einer reaktionsstarken Heizung. Anders als bei Fußbodenheizungen mit Nassestrich geht jedoch die Speicherfähigkeit verloren.

Das heißt: Drehen Hausbesitzer den Thermostat im Raum zu, gibt auch die Heizung schnell keine Wärme mehr ab.

Bei der Nassverlegung mit Tackersystem oder Noppensystem liegt eine starke Estrichschicht über den Rohren. Diese speichert viel Wärme und gibt sie auch in Heizpausen noch an den Raum ab.

Die folgende Aufstellung zeigt, welche Vor- und Nachteile eine Trockenestrich-Fußbodenheizung hat.

Vorteile:

» ist schnell und einfach zu verlegen
» beim Verlegen wird keine zusätzliche Feuchte eingebracht
» Es wird kein Mischer bzw. keine Förderpumpe benötigt
» Die Verlegung kann auch alleine ausgeführt werden
» Es sind keine Spezialkenntnisse erforderlich
» kurze Belegreife für zeitnahe Verlegung der Bodenbeläge
» geringes Flächengewicht für die Renovierung
» niedrige Aufbauhöhe bei einem Dünnschichtsystem
» kostengünstige Installation der Trockenestrich Fußbodenheizung

Nachteile:

» bei Auswahl der Trockenestrichplatten ist besonders auf die Eignung (Feuchtigkeit, Belastung) zu achten
» Estrichelemente sind selbst oft kein eigenständiger Bodenbelag

7.3.10 Gefälleestrich Dusche

Wenn auf bestimmten Böden der Untergrund mit einem leichten Gefälle versehen sein soll, gestaltet sich dies mitunter schwierig. Typische Beispiele für ein solches Gefälle sind Badezimmer oder Duschräume, in denen eine ebenerdige Dusche eingebaut werden soll, so dass das Wasser nicht das gesamte Bad flutet, sondern über das Gefälle ablaufen kann. Generell unterscheidet man für einen Untergrund mit Gefälle in zwei Varianten:

1. Die Untergrundkonstruktion wird mit Gefälle angelegt und mit gleich dickem Estrich versehen.
2. Es wird Gefälleestrich verwendet, so dass das Gefälle direkt im Estrich eingearbeitet wird.

Um den flächigen Abfluss von Spritzwasser in Duschen zu gewährleisten, muss der Unterlagsboden in diesen Bereichen mit einem Gefälle konstruiert werden. Der Neigungswinkel sollte dabei bei mindestens 1,5 Prozent liegen, was einem Höhenunterschied von 1,50 Zentimetern pro laufendem Meter entspricht. Dadurch ist sichergestellt, dass das abfließende Wasser auch eine spülende Funktion hat und Schmutzpartikel mit abführt. Dieser Wert ist unter anderem festgelegt in der SIA (Schweizer Ingenieur- und Architektenverein)-Norm 248/Plattenarbeiten.

– Estrich in gleichbleibender Dicke auf fallender Unterkonstruktion

Eine solche Unterkonstruktion kann man sowohl mit Fertigelementen herstellen, als auch selbst anfertigen, beispielsweise mit trittfesten Styroporplatten, die mittels Mörtelbatzen im Gefälle befestigt werden. Wenn man darauf einen haftenden Grund bringt, kann man den Estrich normal über das Gefälle einbauen. Zu beachten ist hier aber auch, dass in der Regel nur kleine Gefälle von rund 2 Zentimetern pro Meter wirklich stabil machbar sind. Alles, was an Gefälle größer ist, wird schon von sich aus problematisch.

Im Allgemeinen muss man hier einen Verbundestrich anlegen, das heißt, es muss eine haftfähige Konstruktion als Unterkonstruktion verwendet werden. Sie kann natürlich auch aus Beton mit Hilfe einer Verschalung gegossen werden, in vielen Fällen ist dieses Vorgehen aber aufwendig. Im Zweifelsfall ist es immer ratsam, gleich Fertigelemente zu verwenden, diese können auch bei schwimmendem Estrich eingebaut werden und machen in der Regel am wenigsten Probleme und Aufwand.

– Der klassische Gefälleestrich

Der klassische Gefälleestrich zeichnet sich dadurch aus, dass das Gefälle direkt in den Estrich gegossen wird. Dafür bedarf es jedoch zwingend eines Verbundestrichs. Nur dann kann die Konstruktion auch einen sicheren Halt garantieren. Ideal ist eine Korngröße von gut 8 Millimetern.

Die Konstruktion lässt sich vergleichsweise einfach ausführen, wobei jedoch bestimmte Punkte beachtet werden müssen. So gilt es beispielsweise, auch auf der auslaufenden Seite die Mindesthöhe des Estrichs einzuhalten. Dadurch muss der Estrich an der höheren Stelle dicker aufgetragen werden. Andere Estrichformen als der Verbundestrich eignen sich dagegen nicht für einen Estrich mit Gefälle. Grund dafür ist die Haltbarkeit, die doch stark eingeschränkt ist.

Die Fußbodenheizung für die begehbare Dusche wird analog der Bodenheizung für Zementestriche eingebaut.

Wichtig ist, den fertigen Belag am Übergang zum Duschbereich mit einem bis zum Untergrund durchgehenden Stellstreifen und im Oberbelag mittels einer Dilationsfuge aus Silikon zu trennen, da es hier sonst zum Abriss im Fugenbereich kommen kann.

– Aufheizen Unterlagsboden

Gerade bei Neubauten herrscht in der Regel ein ungünstiges Klima. Die Bauteile sind noch feucht und mit dem Grundputz wird unmittelbar vor dem Unterlagsboden nochmals zusätzliche Feuchtigkeit in das Gebäude gebracht. So sind Luftfeuchtigkeiten von 80 Prozent oder noch mehr keine Seltenheit. Wenn das Wetter noch das Seinige beisteuert (Regen, schwülwarme Sommertage), kann vielfach nur mit dem Einsatz von Entfeuchtern ein Raumklima geschaffen werden, in dem eine rasche Austrocknung möglich ist.

Zu beachten ist auch, dass ein bereits ausgetrockneter Unterlagsboden in feuchter Umgebung wieder Wasser aufnehmen kann.

Entfeuchter dürfen bei Anhydritmörtel nach 7 Tagen und bei Zementmörtel nach 21 Tagen in Betrieb genommen werden. Oberfläche: Für eine rasche Austrocknung darf die Oberfläche des Unterlagsbodens nicht abgedeckt werden. Auch Materiallager (Stapel von Täfer oder Wandverkleidungen, Mörtelsäcke, Malerkessel etc.) und laufende Gipserarbeiten lassen die Austrocknung nicht zu.

Aufheizen: Dem richtigen Einsatz der Bodenheizung kommt eine zentrale Bedeutung zu. Idealerweise ist sie ab Einbau des Unterlagsbodens bis zum Beginn des Aufheizens mit 20 °C in Betrieb. Für das korrekte Aufheizen der einzelnen Produkte beachten Sie bitte die folgenden Seiten. Vor dem Verlegen von Bodenbelägen muss mindestens einmal bis zur maximalen Betriebstemperatur aufgeheizt werden!

– Zementgebundene Mörtel (CT)

Ab dem 21. Tag wird die Vorlauftemperatur während 3 Tagen auf 25 °C gestellt, danach wird die maximal mögliche Vorlauftemperatur eingestellt und 4 Tage lang gehalten. Zur optimalen Austrocknung wird anschließend die Bodenheizung so weit zurückgestellt, dass ein normales Arbeiten möglich ist. Eine Reduktion auf lediglich 25 °C bedeutet eine längere Austrocknungsphase.

– Zementmörtel (CT) mit Zusatzmittel KBS CEM-Fast

Am 14. Tag nach dem Mörteleinbau kann die Bodenheizung auf 25 °C eingestellt werden; diese Temperatur ist danach täglich um 5 °C zu steigern, bis die Maximaltemperatur von 50 °C erreicht ist. Idealerweise ist diese Temperatur bis zum Erreichen der Belegereife zu halten; eine Reduktion bewirkt eine längere Austrocknungszeit. Die Belegereife ist mittels CM-Messung festzustellen; es gelten die üblichen Werte für Zementmörtel. Nach Erreichen der Belegereife soll die Vorlauftemperatur um 10 °C täglich reduziert werden.

– Schnellzementmörtel:

Um den relativ langen Austrocknungsprozess der Zementmörtel zu umgehen, kann auch Schnellzementmörtel eingesetzt werden. Dieser kann je nach Hersteller in relativ kurzer Zeit aufgeheizt und dann mit dem Oberbelag verlegt werden. Der Feuchtegehalt sollte mit einem CM-Messgerät überprüft werden, alle anderen Messgeräte ergeben nur ungefähre Angaben und werden auch im Schadensfall nicht anerkannt.

7.4 Rohinstallation

7.4.1 Rohinstallation Sanitär

Beispiel einer Vorwandinstallation mit Metallprofilen

– Installationswände

An einer Wand mit Installationswänden, einer sogenannten Vorwandinstallation, lassen sich oft ganz neue Anordnungen schaffen, die Platz schaffen können – etwa für zwei gegenüber-liegende Waschtische oder Dusche und Badewanne, selbst wenn dies vorher nicht möglich war. Auch ist es möglich, mittels dieser Profile und anschließender Verkleidung mit Gipskartonplatten oder Fermacellplatten Abtrennungen zwischen dem Bad und einem WC zu erstellen.

Für die WC-Montage werden meist Vorwandelemente verwendet, die anschließend ausgemauert werden.

Auf dieses Element wird dann nach der Verfliesung das WC angebracht. Diese Elemente haben eine Einbautiefe von 15 Zentimern und eine Höhe von 120 Zentimtern – sie können aber auch raumhoch eingebaut werden.

Das System der Vorwand ist einfach, die Vorteile zahlreich. Der Installationsbaukasten einer Vorwandinstallation besteht aus Metallgitterrahmen, in denen alle Zu- und Abflussleitungen sowie die Anschlüsse der einzelnen Sanitärobjekte unter- und angebracht werden.

Mit relativ starren Kupferrohren ist dies nicht möglich. Die Leitungen bestehen deshalb aus flexiblem Kunststoff.

– Vorteil des Baukastens:

Die Installation der Vorwand muss nicht genau dort erfolgen, wo die Leitungen in der Wand verschwinden, sondern sie kann sich problemlos an jeder beliebigen Stelle im Bad befinden.

Die Rahmen werden so aufgestellt, dass sie die Verbindung zwischen Wandanschluss und Verbraucher herstellen. So können sie auch eine Raum teilende Funktion erfüllen, wobei an jeder Seite Sanitärobjekte angeschlossen werden. An einer Seite die Badewanne, an der anderen beispielsweise der WC-Spülkasten. Gerade der WC-Bereich profitiert von der „versteckten" Installation sämtlicher Leitungen und des Spülkastens in einem Vorwand-element. Nur noch eine schicke Betätigungsplatte bleibt sichtbar.

Eine räumliche Gliederung in Funktionsbereiche z. B. Dusch-zone, verstecktes WC und großzügiger Waschtischbereich lässt sich mit Sanitärwänden schnell und einfach gestalten. Die Vorwandinstallation ist durchaus in der Lage, große Lasten wie ein WC sicher zu tragen.

Auch eine Platzierung des WCs über Eck ist mittels Vorwandinstallation möglich.

7.4.2 Rohinstallation Elektro

– Allgemeines

Die Elektroinstallation umfasst die Leitungsverlegung und die Montage von Verteilern, Überstromschutzeinrichtungen, Fehlerstromschutzschaltern, Leitungsschutzschaltern, Leuchten, Elektrogeräten, Sensoren wie Bewegungsmeldern und Dämmerungsschaltern, Schaltern, Tastern und Steckdosen sowie die abschließende Messung der Wirksamkeit der Schutzmaßnahmen.

Aufgabe des Elektroinstallateurs ist es, die einzelnen Komponenten so zu verbinden, dass die Schaltung die gewünschte Funktion erfüllt und keine Gefahr eines elektrischen Schlags besteht. Bei Arbeiten sind zur Vermeidung von Stromunfällen die einschlägigen Sicherheitsregeln zu beachten. Die Anzahl von Steckdosen Schaltern sollte vor der Montage festgelegt werden, ebenso, wo sich die Beleuchtung befinden wird.

– Ausführungsarten

Prinzipiell gibt es zwei Arten, elektrische Installationen zu planen und zu errichten:

» zentral
» dezentral

Vorteil der zentralen Elektroinstallation ist, dass alle wichtigen Betriebsmittel in einem Verteiler zusammengefasst sind, was eine schnelle Fehlersuche ermöglicht.

Nachteilig dabei ist, dass die meist langen Leitungen zu den Verbrauchern genau dimensioniert werden müssen, um Spannungsabfälle möglichst kleinzuhalten. Bei der dezentralen Elektroinstallation werden die Betriebsmittel nahe bei den Verbrauchern angeordnet, was eine bessere Anlagenübersichtlichkeit und deutlich weniger Kabel und Leitungen bedeutet.

– Leitungsverlegung

Man unterscheidet im wesentlichen drei Arten von Installationen:

» auf Putz, in Kabelkanälen, freiliegend sichtig (zum Beispiel in Kellern, Garagen, Dachböden, Feuchträumen etc.)
» unter Putz, in Schutzrohren oder in Estrichen verlegt (zum Beispiel in Wohn und Büroräumen)
» im Putz, zum Beispiel mit einer Stegleitung im Putz

Die Elektroinstallation im Badezimmer

An die Elektroinstallation im Bad werden besondere Anforderungen gestellt. Bedenkt man die vielen Spritzwasserbereiche und die hohe Luftfeuchtigkeit, ist es auch kein Wunder, dass dieser Bereich in verschiedene Schutzzonen eingeteilt wird.

Die Schutzzonen reichen vom Wannen- bzw. Duschtassenbereich bis 3 Meter darum herum. Diese definieren, welche Anforderungen die elektrischen Anlagen und Leitungen erfüllen müssen, damit sie in den jeweiligen Bereichen überhaupt verlegt oder zum Einsatz kommen dürfen.

– Leitungen

Auf Putz bzw. bis zu einer Tiefe von 6 Zentimeter unter Putz oder hinter Verkleidungen dürfen nur Leitungen verlegt werden, wenn diese der Versorgung von elektrischen Betriebsmitteln in diesem Räumen dienen und einen Schutzleiter enthalten.

In diesem Fall aber müssen die Leitungen senkrecht von oben verlegt und von hinten in das Gerät eingeführt werden. Leitungen – und zwar in allen Bereichen, die der Versorgung anderer Räume oder Orte dienen – sind nicht erlaubt, sofern diese nicht mindestens 6 Zentimeter unter Putz verschwinden.

Mit einer Ausnahme: Ist eine solche Verlegung nicht möglich, müssen die Stromkreise mit FI (RCDs) I < 30 mA geschützt werden und einen Schutzleiter enthalten. Ebenfalls nicht zugelassen sind Unterputz-Verteilerdosen in den Schutzzonen 0–2.

Sinn macht es, die Leitungen vor der Verkleidung mit dem Oberbelag zu fotografieren oder auf einer Skizze oder einem Plan einzutragen, um sie später bei Bohrungen nicht zu beschädigen.

– Fazit

Die Installationszonen im Bad sind stark reglementiert, somit ist die Elektroinstallation im Badezimmer mit Sicherheit nicht leicht. Die Anforderungen sind durch viele verschiedene Normen und Regelwerke komplex definiert.

Bedenkt man aber, dass die eigene Gesundheit und die Vermeidung von Unfällen im Vordergrund stehen, so wird einem schnell bewusst, dass die Steckdose direkt neben der Badewanne vielleicht praktisch, das Risiko eines Stromunfalls aber deutlich erhöht wäre.

Es wird dringend empfohlen, die Elektroinstallation von einem Fachmann ausführen zu lassen.

7.5 Abdichtarbeiten

7.5.1 Silikonfugen

– Eck- und Dehnungsfugen der Fliesen silikonieren

Alle Dehn-, Eck- und Anschlussfugen werden nicht mit Fugenmörtel verfugt, sondern mit einem dauerelastischen Sanitär-Dichtstoff abgedichtet, in der Regel mit Silikon.

Durch sorgfältiges Verfugen beugen Sie der Gefahr von Schimmelbildung vor. Dazu kleben Sie zunächst die Fugenränder beidseitig mit Malerkrepp ab und entfernen Kleberreste aus den Fugen. Poröse, sehr saugfähige Untergründe werden mit einer Grundierung vorbehandelt. Füllen Sie dann das Silikon aus einer Kartusche gleichmäßig in die Fugen. Mit einem Fugenglätter entfernen Sie überschüssige Dichtungsmasse und streichen die Silikonfuge glatt.

Zum Schluss ziehen Sie das Klebeband schräg nach hinten und seitlich von der Fuge weg ab. Bitte beachten Sie grundsätzlich bei allen Materialien die Hersteller- und Bearbeitungshinweise. Tipp: An einem in Seifenwasser getauchten Fugenglätter bleibt kein Dichtstoff kleben.

Eine Silikonfuge ersetzt nicht die Feuchtigkeitsabdichtung. Sie ist eine Wartungsfuge und sollte in regelmäßigen Abständen geprüft und gegebenenfalls ersetzt werden.

Nach dem Duschvorgang sollte die Fuge mit einem trockenen Tuch oder Lappen abgewischt werden, damit sich keine Schimmelpilze bilden können. Eine gute Lüftung des Raumes ist ebenfalls wichtig.

7.5.2 Verbundabdichtungen unter Keramik- und Naturstein

Weil Fugen in Fliesen- und Plattenbelägen einen gewissen Prozentsatz Wasser durchlassen, der Schäden an der Bausubstanz verursachen kann, benötigen solche Beläge in durch Feuchtigkeit beanspruchten Räumen und Bauteilen eine zusätzliche Abdichtung.

Dies kann eine Verbundabdichtung sein, bei der die Fliesen und Platten direkt auf flüssig zu verarbeitende oder bahnenförmige Abdichtungen angesetzt oder verlegt werden.

» Alle Flächen, die bestimmungsgemäß durch Feuchtigkeit beansprucht werden, müssen abgedichtet werden. Im stark beanspruchten Bereich sind nur feuchtigkeitsunempfindliche Untergründe zulässig. Im mäßig beanspruchten Bereich können auch feuchtigkeitsempfindliche Untergründe mit Abdichtung eingesetzt werden. Bei Flächen mit Bodenablauf dürfen keine feuchtigkeitsempfindlichen Untergründe eingesetzt werden.

» Direkt beanspruchte Flächen sind Fußboden- oder Wandflächen, die planmäßig bei bestimmungsgemäßem Gebrauch direkt mit Wasser beansprucht werden (z. B. Wände im Duschbereich, Fußböden bodengleicher Duschen, Wände über Badewannen mit Dusch-Einrichtung, Wände und Fußböden in öffentlichen Bädern).

Das ablaufende Wasser wird durch einen planmäßig vorgesehenen Ablauf (Bodenablauf, Badewannen- oder Duschtassenablauf) abgeleitet.

Flächen vor Badewannen und Duschtassen ohne wirksamen Spritzwasserschutz zählen auch zu den direkt beanspruchten Flächen, wobei diese Flächen keinen gesonderten Bodenablauf benötigen.

Bodenflächen mit Bodenablauf gehören zu den direkt beanspruchten Flächen, auch wenn diese nicht planmäßig oder nur unregelmäßig beansprucht werden (Notabläufe).

» Indirekt beanspruchte Flächen sind Fußboden- oder Wandflächen in Nassräumen, die sich außerhalb direkt beanspruchter Bereiche befinden. Ein Bodenablauf ist grundsätzlich nicht erforderlich.

– *Feuchtigkeitsempfindliche Untergründe*

Wasserempfindlich sind z. B. Gipswerkstoffe, Calciumsulfatestriche, Holzwerkstoffe. Holz-Werkstoffe sind als direkter Untergrund für Verbundabdichtungen mit Bekleidungen und Belägen aus Fliesen und Platten nicht geeignet.

– *Feuchtigkeitsunempfindliche Untergründe*

Wasserunempfindlich sind z. B. Bauteile aus Beton, Zementestriche, Putze der Mörtel gruppe PII und PIII, Mauerwerk, Porenbeton, zementgebundene mineralische Bauplatten oder alle Untergründe, bei denen der Hersteller den notwendigen garantierten Nachweis erbringt.

7.5.3 Bade- und Duschwannen

Zur Sicherstellung der Dichtheit an den Wandanschlüssen sind Wannen mit Zargen oder Flexzargenbänder einzubauen.

Die Ausführung einer elastischen Fuge zwischen Badewanne/Duschwanne und Wand bzw. Boden stellt keine Abdichtungsmaßnahme dar.

Mit Fugenprofilen oder mit elastischen Fugenfüllstoffen geschlossene Fugen sind nicht wasserdicht.

Mit elastischen Füllstoffen geschlossene Fugen unterliegen chemischen und/oder physikalischen Belastungen und können reißen.

Aus diesem Grund werden diese Fugen auch Wartungsfugen genannt und sollten regelmäßig kontrolliert und ggf. erneuert werden, um Folgeschäden zu vermeiden.

Die unvermeidbaren Verformungen bei schwimmenden Konstruktionen überschreiten in der Regel die Elastizität der Fugenfüllstoffe.

Bade- und Duschwannen müssen so standfest installiert sein, dass der elastische Fugenfüllstoff in der Anschlussfuge bei bestimmungsgemäßer Nutzung nicht über den Wert seiner zulässigen Gesamtverformung hinaus verformt wird.

– Durchdringungen

Durchdringungen werden mit Dichtflansch und/oder Dichtmanschette in die Flächenabdichtung eingebunden. Rohre sollten mindestens 5 Millimeter über die Rohwandinstallation hinausragen, um das fachgerechte Anschließen der Dichtmanschette zu gewährleisten. Insbesondere bei Mischbatterien sind Dichtflanschkonstruktionen zu bevorzugen. Durchdringungen in Bodenkonstruktionen sollten weitgehend vermieden werden.

– Bodenabläufe/Rinnen

Es sind nur Bodenabläufe und Rinnen mit Flansch zu verwenden. Es ist darauf zu achten, dass der Gefällsüberzug bündig zum Ablaufflansch eingebracht wird.

An den Flansch werden Träger aus Gewebe, Vlies oder Folien, die in die Flächenabdichtung einbinden, angeschlossen. Dabei ist die Verbundhaftung mit dem Flansch dauerhaft sicherzustellen. Klebeflansche müssen eine für die Aufnahme von Verbundabdichtungen geeignete Oberfläche und Flanschbreite (Mindestbreite nach Angabe des Herstellers des Abdichtungssystems) besitzen.

– Bad-Abdichtung – Flüssig-Dichtfolien

Untergründe von Fliesen- und Plattenbelägen werden in feuchtigkeitsbelasteten Bereichen in der Regel abgedichtet, so dass kein Wasser in sie eindringen kann. Während man bei hoher Belastung durch drückendes Wasser feste Dichtungsbahnen aus Kunststoff oder Bitumen verwendet, genügt bei mäßiger Beanspruchung – zum Beispiel in Wohngebäude-Bädern – meist der Auftrag sogenannter Flüssig-Dichtfolien.

Bei Flüssig-Dichtfolien handelt es sich um einkomponentige, in Eimergebinden angebotene, roll-, streich- und spachtelfähige Materialgemische, die man zur naht- und fugenlosen Abdichtung direkt unter Fliesen- oder Plattenbelägen aufträgt.

Nach der Trocknung sind sie wasserdicht, hochelastisch und rissüberbrückend. Trotz des Namens gilt übrigens: Die flüssigen „Folien" sind keineswegs durchsichtig beziehungsweise transparent, ihre Optik entspricht vielmehr typischen Mörtel- und Putzprodukten. Es überwiegt die Farbe Grau, daneben sind auch eingefärbte Gemische erhältlich, um bei einem zweiten, im Technischen Merkblatt des Schweizer Plattenlegerverbandes – Verbundabdichtungen unter Keramikbelägen (SPV) geforderten Auftrag zu sehen, ob der erste Auftrag vollflächig überspachtelt worden ist.

Die Inhaltsstoffe der Flüssig-Dichtfolien unterscheiden sich natürlich je nach Hersteller.

Im Allgemeinen unterscheidet man drei Produkttypen: Polymerdispersionen, Reaktionsharz-Dispersionen (beide jeweils mit oder ohne mineralische Füllstoffe erhältlich) sowie Kunststoff-Mörtel-Kombinationen.

– Eigenschaften

Flüssig-Dichtfolien ermöglichen es dem Handwerker, bei mäßiger Feuchtebeanspruchung in Innenräumen schnell und einfach Verbundabdichtungen unter Fliesen und Platten zu erstellen – sowohl im Boden- als auch im Wandbereich. Die durch Rollen, Streichen oder Spachteln leicht zu verarbeitenden, gebrauchsfertigen Gemische schützen Wände und Böden vor Feuchtigkeit, die sonst durch die Fugen der Fliesen- oder Plattenbeläge tiefer in den Untergrund gelangen könnten. Flüssig-Dichtfolien gehören zu den Verbundabdichtungen, weil sie nach dem Austrocknen einen festen Verbund mit dem tragenden Untergrund eingehen. Das unterscheidet sie von Bitumen- oder Kunststoffdichtungsbahnen, die in stärker feuchtebeanspruchten Bereichen zum Einsatz kommen. Nach dem Auftrag trocknen Flüssig-Dichtfolien schnell. Anschließend sind sie aufgrund ihrer hohen Elastizität rissüberbrückend, sie schützen den Untergrund also auch dann vor Feuchtigkeit, wenn dieser Risse aufweist.

– Untergründe

Abdichtungen unter Fliesen- und Plattenbelägen sind allgemein üblich – insbesondere wenn sich darunter feuchtigkeitsempfindliche Untergründe wie Gipsputze, Gipsfaserplatten, Gipskartonplatten oder Calciumsulfat-Fließestriche befinden. In mäßig feuchtebeanspruchten Bereichen schützen Flüssig-Dichtfolien sicher vor Durchfeuchtung, wenn sie flächendeckend aufgetragen werden. Bei feuchteunempfindlichen Untergründen, wie zum Beispiel Beton, Zementestrich, Porenbeton oder zementgebundene Bauplatten, ist dagegen eine vollflächige Abdichtung nicht zwingend erforderlich. Stattdessen muss man in solchen Fällen nur die besonders kritischen Untergrundbereiche abdichten – also Stellen, an denen Wasser erfahrungsgemäß relativ leicht eindringen kann.

Allerdings hat sich in den letzten Jahren durchgesetzt, dass diese Bereiche ebenfalls abgedichtet werden, um eventuellen Wasserschäden vorzubeugen.

Zu den kritischen Untergrundbereichen zählen zum Beispiel Fugen zwischen Wand und Boden beziehungsweise zwischen Wand und Badewanne oder Dusche. An solchen Stellen schützt die klassische Silikondichtung keineswegs vor dem Eindringen von Feuchtigkeit in den Untergrund.

Stattdessen ist auch eine Abdichtung unter den Fliesen erforderlich. Auch Bereiche mit Rohrdurchführungen gehören zu den neuralgischen Punkten. Für Flächen mit Bodenablauf gelten übrigens strengere Vorschriften. Hier ist nämlich der Einsatz feuchtigkeitsempfindlicher Untergründe gar nicht gestattet.

– *Verarbeitung*

Flüssig-Dichtfolien werden in mindestens zwei Lagen entweder im Spachtelverfahren oder im Rollverfahren oder kombiniert aufgetragen. Ist die erste Schicht getrocknet, folgt der Auftrag der zweiten. Damit der Handwerker die Schichten optisch voneinander unterscheiden kann, bieten die Hersteller ihre Produkte in unterschiedlichen Farben an. So hat der Verarbeiter stets im Blick, an welchen Stellen er bereits die zweite Schicht aufgetragen hat und wo noch nicht. Vor dem vollflächigen Auftrag erfolgt zunächst eine „Spezialbehandlung" der kritischen Stellen. So werden zum Beispiel rund um Bewegungsfugen, Wandecken oder Rohrdurchführungen zusätzliche Dichtmaterialien in die Dichtfolienmasse integriert.

Dafür gibt es im Handel spezielle Dichtbänder oder Dichtmanschetten, die sich in die frisch aufgetragene Flüssig-Dichtfolie einbetten lassen. Für die Eckbereiche gibt es Dichtecken, um auch diese Zonen sicher abdichten zu können.

Erst wenn diese Detailarbeiten erledigt sind, erfolgt der Auftrag der Abdichtung auf den übrigen Boden- oder Wandflächen.

7.6 Plattenarbeiten

7.6.1 Verlegearten für Plattenbeläge

Die Auswahl an keramischen Platten ist riesengroß. Von groß-
formatigen Platten mit über 3 Quadratmeter Fläche bis zum
kleinsten Mosaik ist alles erhältlich. Doch nebst der Material-,
Farb- und Musterwahl bietet auch die Art der Verlegung eine
Vielzahl an gestalterischen Möglichkeiten. Je nachdem, wie das
Fugenbild gestaltet wird, ergibt sich eine andere Optik.

Zudem kann die Verlegeart entscheidend darüber sein, wie
ein Raum in seiner Dimension wahrgenommen wird. Daher muss
jede Verlegeart von Platten mit den Räumlichkeiten abgestimmt
werden. Zudem eignet sich nicht jede Platte für jedes Verlege-
muster. Format und Größe spielen hier eine wesentliche Rolle.

Im Innenbereich werden Platten für den Wand- und Bodenbelag aufgrund der geringen Materialstärke von 8 bis 10 Millimeter grundsätzlich verklebt verlegt. Folgende Verlegearten
stehen zur Auswahl:

Verbandbezeichnung	Fliesenformate	Verlegeart
Kreuzverband	Quadrate oder Rechtecke	alle Fugen durchkreuzen sich
Diagonalverband	Quadrate oder Rechtecke	alle Fugen durchkreuzen sich mit 90 Grad. Der Winkel kann eine beliebige Schrägung aufweisen, meist 45 Grad
Halbverband/Englisch	einheitlich große Rechtecke	Fugen laufen in einer Richtung um eine halbe Länge versetzt Achtung, der Halbverband ist nicht geeignet für Holzoptikfliesen!
Viertelverband	einheitlich große Rechtecke	Fugen laufen in einer Richtung um eine Viertellänge versetzt
Fischgrätverband	einheitlich schmale Rechtecke	Fugen laufen versetzt zueinander, so dass ein Zickzackmuster entsteht
Bahnenverband	Rechtecke in unterschiedlichen Längen und Breiten	Fugen laufen in eine Richtung, Bahnen laufen unterschiedlich breit, Fliesen werden längs und quer verlegt
Römischer Verband	Quadrate und Rechtecke in festgelegten Größen	verschiedene Plattengrößen, weder Kreuzfugen noch langlaufende Fugen
Polygonalverband	Vielecke in unterschiedlichen Größen	willkürliches Muster, verschiedene Plattengrößen, weder Kreuzfugen noch längs laufende Fugen
Wilder Verband	große Rechtecke	Fugen laufen in eine Richtung, Fliesen werden ohne erkennbare Struktur verlegt, das Abfallstück der zuletzt verlegten Reihe wird als Startfliese für die nächste Reihe verwendet

7.6.2 Bodenfliesen

Fliesenböden sind attraktiv, belastbar und pflegeleicht und eignen sich für perfekt für Bad und Dusche.

Nehmen Sie sich zunächst ausreichend Zeit, um die passenden Fliesen auszuwählen. Denn dabei zählt nicht nur die Optik, sondern auch die geplante Verwendung, insbesondere die zu erwartende Beanspruchung und die nötige Trittsicherheit.

Bei der Ermittlung Ihres Materialbedarfs geben Sie zur errechneten Gesamtfläche noch 10 Prozent für Verschnitt und Bruch hinzu. Bei der Diagonalverlegung kann es sein, dass die benötigte Menge 10 Prozent überschreitet. Ein Paket Fliesen sollten Sie als Reserve für spätere Reparaturen aufbewahren.

Außerdem benötigen Sie einen zu Ihrem Untergrund passenden Fliesenkleber. Für arbeitende bzw. sich bewegende und andere kritische Untergründe oder bei einer Fußbodenheizung wählen Sie einen kunststoffvergüteten Flexkleber.

Grundierung und Fugenmörtel sollten zum verwendeten Kleber passen und am besten vom selben Hersteller stammen. Beachten Sie außerdem bitte grundsätzlich bei allen Materialien die Anwendungshinweise der Hersteller.

– Untergrund vor dem Verlegen der Fliesen vorbereiten

Reinigen Sie zunächst die gesamte Fläche sorgfältig von Fett, Schmutz, Belagsresten und losem Material – der Untergrund muss unbedingt sauber, trocken, staubfrei, tragfähig und eben sein. Anschließend grundieren Sie den Untergrund mit dem vom jeweiligen Hersteller geforderten Produkt. Je größer Ihre Fliesen sind, desto weniger Unebenheiten sollte der Boden aufweisen. Glätten Sie daher alle Unebenheiten mit einer selbstverlaufenden Bodenausgleichsmasse (angegebene maximale Schichtdicke beachten). Rühren Sie die Spachtelmasse in einem Mörtelkübel gemäß Herstellerangaben in sauberes Wasser ein. Sie können für das Anmischen eine Bohrmaschine mit Rühraufsatz in niedriger Drehzahl verwenden.

Bei richtiger Anwendung verläuft die Bodenausgleichsmasse zu einer ebenen Fläche. Sollte der Raum eine größere Fläche besitzen, ist es sinnvoll, sich Nagelschuhe anzuziehen, um auch in entlegene Ecken die Nivelliermasse in ausreichender Menge zu bringen. Nach der angegebenen Trocknungszeit, die meist mehrere Stunden beträgt, können Sie den keramischen Belag verlegen.

– Fliesen-Verlegetechnik-Parallelverlegung

Die am weitesten verbreiteten Verlegetechniken sind die Parallelverlegung und die Diagonalverlegung.

Für Einsteiger am besten geeignet: das parallele Verlegen. Dabei arbeiten Sie symmetrisch von innen nach außen, weil zugeschnittene Fliesen an den Rändern weniger auffallen. Zunächst ermitteln Sie die Raummitte. Messen Sie dazu bei rechtwinkligen Räumen die Mitte der Seitenwände aus und markieren Sie die Mittellinien mit Hilfe von Richtschnüren oder mit einem Stift direkt am Boden. Verlegen Sie die erste Fliesenreihe entlang der längeren der beiden Linien. Beginnen Sie dazu am Mittelpunkt der Linie und richten Sie die Fliesen entweder genau mit der Fliesenmitte oder mit dem Fliesenrand an dieser Linie aus – je nachdem, wie Sie einen größeren Fliesenstreifen am Rand erhalten. Setzen Sie danach das Verlegen entlang der Wand an der Stirnseite fort (umgekehrte L-Form). Hierzu sollten Sie die Platten mit einem Winkel oder einen Laser einrichten, damit die Plattenfugen nicht schräg verlaufen.

Falls auch die Wände mit Fliesen gleicher Größe gefliest sind, richten Sie den Fugenverlauf am besten nach den Wandfugen aus. Achten Sie auch bei angrenzenden Räumen auf einen durchgehenden Fugenverlauf bei den Bodenplatten. Legen Sie die ersten beiden Fliesenreihen zunächst probeweise lose aus. Wenn alles passt, markieren Sie den Startpunkt, sammeln die Fliesen wieder ein und beginnen mit dem Verkleben.

– Diagonalverlegung

Die Diagonalverlegung von Bodenfliesen ist etwas anspruchsvoller, setzt dafür aber reizvolle optische Akzente. Sie ist vor allem für quadratische Räume geeignet und kaschiert schiefe Wände. Markieren Sie wieder die Mittellinien und zusätzlich auch noch die Diagonalen im Winkel von 45 Grad zur kürzeren Mittellinie (Querachse). Beginnen Sie die diagonale Verlegung am Raummittelpunkt.

Legen Sie die erste Reihe so aus, dass die Mittellinie der längeren Seite die Fliesen von Ecke zu Ecke durchläuft.

Sie können die erste Fliese dabei wahlweise entweder mittig oder mit einer Ecke am Raummittelpunkt anlegen. Wählen Sie im Zweifel die Variante mit dem geringeren Verschnitt. Legen Sie nun die zweite Fliesenreihe von der Mitte ausgehend so aus, dass (je nach Lage der ersten Fliese) entweder die Fliesenmitte oder eine Seite entlang der markierten Diagonale verläuft.

Das heißt also: Nur die Fliesen entlang der Mittellinien legen Sie Ecke an Ecke, die anderen können Sie Kante an Kante aneinanderlegen. Legen Sie die ersten beiden Fliesenreihen zunächst probeweise lose aus. Wenn alles passt, markieren Sie den Startpunkt, sammeln die Fliesen wieder ein und beginnen mit dem Verkleben.

– Fliesenkleber auftragen

Ist das Verlegen geplant, der Untergrund vorbereitet und die Grundierung getrocknet, können Sie den Fliesenkleber gemäß den Herstellerangaben vorbereiten. Mischen Sie den Fliesenkleber mit Bohrmaschine und Rührquirl im angegebenen Verhältnis klumpenfrei in Wasser an.

Nach einer kurzen Reifezeit im Anmachkessel (ca. 4–5 Minuten) rühren Sie den Kleber nochmals kurz durch und tragen mit einer Kelle oder Traufel eine 5 bis 10 Millimeter dicke Kleberschicht gleichmäßig auf den Boden auf. Kämmen Sie dann den Kleber mit einem Zahnspachtel so durch, dass ein gleichmäßiger Kleberauftrag entsteht.

Die benötigte Zahnung des Zahnspachtels hängt von der Fliesengröße ab:

» bis 100 Millimeter Kantenlänge: 6 Millimeter
» 100 bis 200 Millimeter: 8 Millimeter
» 200 bis 300 Millimeter: 10 Millimeter
» ab 300 Millimeter: 12 Millimeter Zahnung

Arbeiten Sie in kleineren Abschnitten und bringen Sie pro Durchgang nur so viel Kleber auf, wie Sie verarbeiten können, bis der Kleber anzieht (Richtwert 1 bis 1,5 m²).

– Bodenfliesen verkleben

Drücken Sie die Bodenfliesen mit einer leichten Drehbewegung ins Kleberbett ein und klopfen Sie sie mit einem Gummihammer leicht an, aber ohne sie bis auf den Boden hinunterzudrücken. Verarbeiten Sie immer im Wechsel Fliesen aus unterschiedlichen Paketen, denn zwischen den Gebinden können minimale Farbunterschiede auftreten. Überprüfen Sie zwischendurch stichprobenartig durch Abheben, ob sich auch ausreichend Kleber auf der Rückseite befindet (mindestens 80 Prozent Bedeckung ist erforderlich, bei Natursteinfliesen 100 Prozent).

Falls Sie auch auf der Fliesenrückseite Kleber aufgetragen haben (Buttering-Floating-Verfahren – kombiniertes Verfahren, bei dem sowohl auf der Plattenrückseite als auch auf dem Untergrund Plattenkleber aufgetragen wird), sollten die Kleberfurchen quer zu denen auf dem Boden verlaufen. Beim Buttering-Floating-Verfahren wird eine vollflächige Benetzung mit Plattenkleber erreicht. Dieses Verfahren ist besonders bei großformatigen Platten (ab Millimeter 600 x 600) notwendig.

Prüfen Sie auch immer wieder die korrekte Lage der Fliesen – solange der Kleber nicht angezogen hat, sind noch Korrekturen möglich. Halten Sie unbedingt eine ausreichende Fugenbreite zwischen den Fliesen ein (mindestens 2 Millimeter, Herstellerangaben beachten). Dies ist notwendig, um Bewegungen und Spannungen auszugleichen. Stecken Sie dazu Fliesenkreuze entsprechender Größe zwischen die Fliesen. Nur wenn die Fliesenkreuze auf gleicher Höhe der Fliesen sind, entfernen Sie sie vor dem Verfugen wieder. Haben sie jedoch eine deutlich geringere Höhe als Ihre Bodenfliesen, können Sie sie auch einfach überfugen.

– Randfliesen zuschneiden

An den Rändern werden Sie in der Regel Ihre Fliesen passend zuschneiden müssen. Bei der Diagonalverlegung fällt dabei mehr Verschnitt an als bei der parallelen Verlegung. Für das Zuschneiden von Randfliesen benötigen Sie spezielles Werkzeug. Saubere und gerade Kanten erzielen Sie mit einem Fliesenschneider. Mit diesem Werkzeug ritzen Sie die Fliese auf der Glasurseite an und brechen sie dann über die eingebaute Bruchkante.

Runde Aussparungen, etwa bei Rohrdurchbrüchen, erreichen Sie mit einer Fliesenlochzange (Papageienschnabel), mit der Sie die Öffnung Stück für Stück herausschneiden.

Sie können dafür aber auch eine Bohrmaschine mit Lochfräsenaufsatz nutzen.

Achten Sie darauf, dass die Randplatten, ob geschnittene oder ganze Platten, einen Mindestabstand von 5 Millimetern zu den angrenzenden Wänden bzw. Bauteilen haben, um Bewegungen des Untergrundes auffangen zu können.

Dehnungsfugen, welche schon im Unterlagsboden eingebaut wurden, sind im fertigen Endbelag zu übernehmen und mit einer Silikonfuge zu schließen.

Fliesenschienen (Eck- bzw. Abschlussprofile) sorgen bei Bedarf für saubere Abschlusskanten und sind außerdem ein interessantes Gestaltungsmittel. Hier gibt es auch mehrere Variationen, Kunststoff-, Alu-, Messing- oder auch Chromstahlschienen in winkliger Ausführung oder auch als Rundprofil oder als Quadeclösung.

– Bodenfliesen verfugen

Die Fugen zwischen den Fliesen füllen Sie mit einem zum Kleber passenden Fugenmörtel aus. Wenn Sie Flexkleber nutzen, sollten Sie auch einen flexiblen Fugenmörtel (Flexfuge) nutzen. Ist eine Bodenheizung eingebaut, ist zwingend sowohl ein Flexkleber als auch ein Flexfugenmörtel zu verwenden.

Entfernen Sie vor dem Verfugen zunächst überschüssigen Fliesenkleber aus den Fugen. Kratzen Sie dazu Fliesen-, Eck- und Anschlussfugen mit einem Holzkeil sauber, noch bevor der Kleber ausgehärtet ist. Beginnen Sie mit dem eigentlichen Verfugen erst nach dem Aushärten des Fliesenklebers.

Planen Sie mindestens 24 Stunden Trocknungszeit ein (Herstellerangaben beachten). Mischen Sie den Fugenmörtel mit Wasser im angegebenen Mischungsverhältnis zu einem sämigen Brei an.

Gießen Sie dann den Mörtel abschnittsweise auf den Boden und verteilen Sie ihn mit einem Fugengummi gleichmäßig diagonal zum Fugenverlauf auf den Fliesen. Überschüssigen Mörtel ziehen Sie sorgfältig mit dem Gummiwischer oder einem Fliesenwaschbrett ab. Schützen Sie sich bei der Verarbeitung des Fugenmörtels unbedingt durch Gummihandschuhe.

– Fliesenboden nach dem Verlegen reinigen

Warten Sie mit dem Reinigen der Fliesen, bis der Fugenmörtel matt angetrocknet ist. Beachten und befolgen Sie dazu genau die Angaben des Herstellers.

Für die erste Oberflächenreinigung Ihrer Fliesen von verbleibenden Mörtelresten verwenden Sie einen feuchten Schwamm.

Verwenden Sie dabei nicht zu viel Wasser, damit die Fugen nicht ausgewaschen werden. Polieren Sie anschließend mit einem saubeBren, trockenen Lappen nach. Einen eventuell verbleibenden leichten Zementschleier können Sie frühestens nach zwei Wochen mit Zementschleier-Entferner beseitigen.

7.6.3 Wandfliesen

Vor Beginn der Verarbeitung:

» Untergrund prüfen
» Risse (wenn vorhanden) ausbessern
» Tiefen- oder Haftgrund auftragen

Vor dem Fliesen der Wand prüfen Sie zunächst den Untergrund auf die ebene Ausrichtung der Wände sowie ob diese auch im Senkel (lotgerecht) sind und bereitest sie sorgfältig vor. Entferne nicht wasserfeste, alte Anstriche.

Grundieren Sie nun die Wandfläche mit Tiefengrund oder Haftgrund. Saugende Untergründe wie zum Beispiel Zementestriche, Kalk- oder Zementputze oder Gipskarton werden mit Tiefengrund vorbehandelt. Bei nicht saugfähigen Untergründen wie Beton oder sehr glatten Flächen sorgt ein Haftgrund für eine bessere Haftung.

Tragen Sie die vorbereitete Grundierung mit einem breiten Pinsel oder einer Farbrolle gleichmäßig auf und lasse Sie sie nach Herstellerangaben vollständig durchtrocknen.

Sorgem Sie dafür, dass alle Flächen sauber, trocken, staubfrei, eben und tragfähig sind. Der Untergrund sollte unbedingt im Senkel sein (mit der Wasserwaage überprüfen), da es sonst zu den angrenzenden Wänden zu schrägen Fugen kommt. Glätten Sie sämtliche Unebenheiten ebenso wie kleine Risse in der Wand mit Spachtelmasse aus, die mit einer Glättkelle aufgetragen wird. In Spritzwasserbereichen streichen Sie die Wände mit einer Abdichtung. Wie das geht, erfahren Sie im Kapitel „Abdichtarbeiten".

– Fliesenkleber auf Wand auftragen

Ist der Untergrund vorbereitet, kann der Fliesenkleber gemäß den Herstellerangaben angemischt werden. Fliesenkleber auf Zementbasis sowie Flexkleber werden im angegebenen Verhältnis klumpenfrei mit Wasser vermischt und können nach einer kurzen Reifezeit (4-5 Minuten) nochmals durchgemischt und dann verarbeitet werden. Für das Anmischen können Sie eine Bohrmaschine mit Rühraufsatz in niedriger Drehzahl verwenden. Im Handel erhältliche Dispersionskleber sind dagegen bereits gebrauchsfertig.

Tragen sie den Fliesenkleber mit einer Kelle oder Glättkelle gleichmäßig auf den Untergrund auf und kämmen Sie ihn mit einem Zahnspachtel so durch, dass eine ebene Fläche entsteht. Halten Sie dabei den Zahnspachtel in einem Winkel von etwa 45 Grad.

Die Zahnung des Zahnspachtels hängt vom Profil der Fliesenrückseite, der Fliesengröße und dem Untergrund ab. Je stärker die Fliesenrückseite profiliert ist, desto größer ist die Zahnung zu wählen. Arbeiten Sie etappenweise und bringen pro Durchgang nur so viel Kleber auf, wie Sie in rund 30 Minuten verarbeiten können (Richtwert je nach Verarbeitungszeit 1 m^2 bis 1,5 m^2).

– Verlegetechnik für Wandfliesen

Wandfliesen werden von innen nach außen symmetrisch verlegt, weil zugeschnittene Fliesen in den Ecken weniger auffallen. Wenn Sie die Wand nicht in voller Höhe verfliesen möchtest, beginnen Sie mit der ersten Fliesenreihe an der oberen Begrenzung. Zeichnen Sie hier mithilfe einer Wasserwaage eine waagerechte Grundlinie an. Eine weitere Linie zeichnen Sie senkrecht dazu in der Mitte der Wand. Dabei hilft ein Senklot. Entlang der Markierungen kleben Sie Malerkrepp, das nach dem Auftragen des Klebers wieder entfernen werden kann. Am besten geht die Markierung mit einem Laser, da man den Farbstrahl mit Kleber überspachteln kann, und die Linie ist immer noch sichtbar. Die meisten Laser regeln sich in Bezug auf senkrechte und waagerechte Ausrichtung selbst ein.

Da sie höhenverstellbar und drehbar sind, kann man die Linien genau an die Stellen setzen, wo man sie braucht.

Beginnen Sie mit der ersten Fliesenreihe mittig entlang der waagerechten Grundlinie. Als oberen Flächenabschluss kann man hier beispielsweise Bordüren nutzen. Setzen Sie dann das Verfliesen nach unten an der senkrechten Linie fort (T-Form). Platzieren Sie an dieser Linie entweder eine Fuge oder die Fliesenmitte. Von dieser ersten senkrechten Fliesenreihe aus, kann das Verfliesen nach außen zu den Ecken hin fortgesetzt werden.

– Fliesen verkleben

Um die Fliesen zu verkleben, werden diese mit einer leichten Drehbewegung ins Kleberbett eingedrückt. Klopfe dann die Fliesen mit einem Gummihammer leicht an. Überprüfen Sie zwischendurch stichprobenartig durch Abheben, ob sich ausreichend Kleber auf der Rückseite befindet (mindestens 80 Prozent Bedeckung ist erforderlich, bei Natursteinfliesen 100 Prozent). Prüfen Sie auch regelmäßig mit der Wasserwaage die waagerechte Lage der Fliesen, denn solange der Kleber noch nicht angezogen hat, sind noch Korrekturen möglich.

Fliesenkreuze helfen, gleichmäßige Abstände zwischen den Fliesen einzuhalten. Sie sind in unterschiedlichen Breiten erhältlich. Stecken Sie die Fliesenkreuze einfach zwischen die Fliesen, denken Sie aber daran, die Fliesenkreuze vor dem Verfugen wieder zu entfernen. Falls sie eine deutlich geringere Höhe als deine Fliesen haben, können sie auch einfach überfugt werden.

Für saubere Abschlusskanten werden bei Bedarf Fliesenschienen (Eck- und Abschlussprofile) genutzt.

– Randfliesen zuschneiden

Für das Zuschneiden von Randfliesen benötigen Sie spezielles Werkzeug. Ein Fliesenschneider sorgt für saubere und gerade Kanten. Für dünne und weiche Fliesen kann aber auch eine Fliesenzange genutzt werden. Ritzen Sie die Fliese auf der Glasurseite an und brich sie über die Kante. Für runde Aussparungen schneiden Sie mit einer Fliesen-Lochzange (Papageienschnabel) die Öffnung Stück für Stück heraus. Alternativ kannst auch eine Bohrmaschine mit Lochfräsenaufsatz verwendet werden.

– Wandfliesen verfugen

Fugen zwischen den Fliesen dienen dazu, Bewegungen und Spannungen auszugleichen. Sie werden mit Fugenmörtel ausgefüllt. Der Mörtel muss zu Grundierung und Kleber passen: Wenn also zum Beispiel Flexkleber genutzt wird, solltest auch ein flexibler Fugenmörtel (Flexfuge) eingesetzt werden.

Kratzen Sie zunächst Fliesen-, Eck- und Anschlussfugen mit einem Holzkeil sauber. Beginnen Sie mit dieser Arbeit, noch bevor der Kleber ausgehärtet ist (nach rund 60 Minuten).

Beginnen Sie erst nach dem Aushärten des Fliesenklebers mit dem Verfugen. Beachten Sie die Herstellerangaben und planen Sie mindestens 24 Stunden Trocknungszeit ein.

Achtung: Dispersionskleber benötigen für das Durchtrocknen deutlich länger als Zementkleber.

Rühren Sie den Fugenmörtel mit Wasser im angegebenen Mischungsverhältnis zu einem sämigen Brei an. Schützen Sie sich bei der Verarbeitung durch Gummihandschuhe. Verteilen Sie den Fugenmörtel mit einem Fugengummi gleichmäßig auf den Fliesen und drücken sie ihn diagonal in die Fugen. Überschüssigen Mörtel wird sorgfältig mit dem Fugengummi oder einem Fliesenwischer abgezogen. Verbleibende Mörtelreste entfernst du nach dem Antrocknen mit einem angefeuchteten Schwamm. Einen letzten Mörtelschleier wischst du mit einem sauberen, trockenen Tuch ab.

7.6.4 Natursteinplatten

Eine Vielzahl von Naturwerksteinen aus der ganzen Welt (weit über 6.000 Gesteinsarten) werden heute im Handel angeboten. Die modernen Bearbeitungs- und Schneidetechniken ermöglichen die Herstellung von Natursteinplatten in nahezu allen Formaten und Dicken mit einer hohen Maßgenauigkeit und dies zu mittlerweile erschwinglichen Preisen. In der Vergangenheit konnten durch die Herstellung der Platten (Gattern/Spalten) entstandene Dickentoleranzen meist nur durch Dickbettverlegungen ausgeglichen werden.

Durch die heute verwendeten kalibrierten Natursteinplatten (exakter Zuschnitt und gleiche Dicke) ist die Verlegung im Dünnbett problemlos möglich. Die mineralogische Zusammensetzung verleiht dem Naturstein seine typischen Eigenschaften (Färbung, Struktur, Druckfestigkeit, Biegezugfestigkeit etc.). Sie ist aber auch der Grund für mögliche Empfindlichkeiten, die erhöhte Anforderungen an den Verleger und die Verlegeprodukte stellen.

– Grundlagen

Durch die mineralogische Zusammensetzung besitzt der Naturstein eine unterschiedliche und beachtenswerte Empfindlichkeit.

Feuchtigkeit (Mörtelfeuchte), Flüssigkeiten, Säuren und Laugen können zu Veränderungen im Stein führen.

Das heißt: Kommen die Minerale mit diesen Stoffen in Kontakt, kann ein chemischer Prozess angestoßen werden, der beispielsweise zu einer farblichen Veränderung im Stein führt.

Umso mehr ist darauf zu achten, dass bei der Verlegung nicht schon eine Veränderung hervorgerufen wird, wie die schon angesprochenen Verfärbungen oder Formänderungen. Deshalb sollten Natursteinmörtel immer schnell erhärtend (schnelle, kristalline Wasserbindung), trasshaltig und, je nach Art des Natursteins (durchscheinende Materialien), auf Weißzementbasis aufgebaut sein.

Einwandernde Feuchtigkeit (Regen, Putzwasser etc.) in der späteren Nutzung spielt ebenfalls eine große Rolle im Hinblick auf optische Beeinträchtigungen im Stein.

Je nach Offenporigkeit des Steins verdunkelt sich dieser mehr oder weniger. Bekommt der Stein die Möglichkeit, wieder abzutrocknen, gehen diese Verdunklungen in der Regel zurück.

– Plattendicken

Die Plattendicke ist abhängig von der Beanspruchung, der Gesteinsfestigkeit, dem Plattenformat, der Verlegetechnik sowie dem Untergrund. Einen weiteren Einfluss auf die Dicke der Platten hat die Verlegung im Innen- oder Außenbereich. Natursteinplatten mit einer Seitenlänge bis 40 Zentimetern müssen mindestens 7 Millimeter, Natursteinriemchen mindestens 10 Millimeter dick sein. Solnhofener Platten z. B. müssen für Bodenbeläge bis zu einer Seitenlänge von 35 Zentimetern 10 Millimeter und bei einer Seitenlänge über 35 Znetimetern 15 Millimeter dick sein.

Feuchtegehalt von Untergründen bei der Dünn-, Mittel- und Dickbettverlegung nach der CM-Methode

Bodenbelag	Feuchtigkeitsgehalt des Zementestrichs	Feuchtigkeitsgehalt des Calciumsulfatestrichs
• Stein- und keramische Beläge im Dünnbett/Mittelbett	2,0 CM-% unbeheizt/beheizt	0,5 CM-%** unbeheizt 0,3 CM-% beheizt
• Stein- und keramische Beläge im Dickbett	3,0 CM-% unbeheizt 2,0 CM-% beheizt	sollte vermieden werden*** sollte vermieden werden***

Dünn- und Mittelbettverlegung

Vorteile	Nachteile
• Geringes Verfärbungsrisiko • Großflächentauglich • Kurze Austrocknungs- und Ausfallzeiten • Schnelle Verfugung möglich • Im Mittelbett Dickendifferenz ausgleichbar	• Zwei Arbeitsgänge (1. Estrich/2. Verlegung) • Nur kalibrierte Platten bzw. nur geringe Maßtoleranzen in der Belagsdicke möglich • Größere Unebenheiten im Untergrund müssen ausgeglichen werden

In Abhängigkeit von den Belastungen, im Speziellen rollenden Lasten, nicht zu verwechseln mit statischen Punktlasten, sind nach einem entsprechenden Bemessungsverfahren die Plattendicken zu bestimmen.

Die Praxis zeigt, dass man sich, bedingt durch unvorhersehbare Verkehrslasten und Gefügeschwankungen in den Gesteinen, speziell bei Bodenbelägen nicht an den Mindestdicken orientieren, sondern sicherheitshalber etwas dickere Plattenmaterialien wählen sollte.

Parallel zur traditionellen Dickbettverlegung wird auch im Naturwerksteinbereich immer häufiger auf die Dünnbettverlegung, wie sie aus der Keramikverlegung bekannt ist, zurückgegriffen.

– Bewegungsfugen

Unabhängig von der Verlegetechnik (Dünn-, Mittel- oder Dickbett) sind auch bei Natursteinbelägen Bewegungsfugen zu planen. Diese dürfen nicht mit den üblichen Keramik- oder Sanitärsilikonen geschlossen werden.

Ein speziell ausgelobtes Silikon ist zu verwenden, damit es nicht zu Randzonenverfärbungen im Naturstein kommt.

Die Mörteldicke bei der Dünnbettverlegung beträgt ca. 3–5 Millimeter. Bei der Natursteinverlegung muss auf die Wahl der Verlege- und Fugenmörtel besonders genau geachtet werden. Verfärbungen, Hell-Dunkel-Effekte (zum Teil schon im Verlegeprozess verursacht) oder Verformungen gilt es zu vermeiden. Natursteinmaterialien erobern mittlerweile alle Bereiche des Hausbaus.

Neben den üblichen Bodenflächen eines Hauses gerät Naturstein auch in den Fokus der Bauherren, wenn es um die Gestaltung von Badezimmern geht.

Ist dies der Wunsch, sollte vor einer endgültigen Entscheidung ein Beratungsgespräch über die Besonderheiten des Natursteins im Zusammenspiel mit Wasser, Seifen und diversen

Reinigungsmitteln geführt werden. Bei der Vielzahl der auf dem Markt erhältlichen Natursteine gibt es Steine, die sehr gut in Nassbereichen eingesetzt werden können, aber auch andere, die dort nichts verloren haben. Unabhängig davon, für welchen Stein sich der Bauherr entscheidet, muss er verstehen, dass es sich um ein Naturprodukt handelt, das im Laufe der Zeit speziell unter Einfluss von Wasser eine gewisse Veränderung (Hell-Dunkel-Effekt) vollzieht.

– Naturstein auf dem barrierefreien Badezimmerboden

Der Naturstein im barrierefreien Badezimmer wird auf den zuvor mit einer Verbundabdichtung abgedichteten Boden im Dünnbett verlegt.

Naturwerkstein lässt sich oberflächlich durch die heute vorhandene Maschinentechnik sehr gut bearbeiten. Dies ist insofern wichtig, da es sich bei den Duschflächen um nassbelastete Barfußbereiche handelt und somit für den Nutzer eine gute Trittsicherheit gegeben sein muss.

Das technische Merkblatt des Natursteinverbandes gibt hier eine Orientierungshilfe hinsichtlich des Oberflächengefälles und einer sinnvollen Oberflächenbearbeitung. Badezimmer werden vermehrt mit bodengleichen Duschflächen geplant und gebaut. Das heißt, dass die Duschfläche über einen Bodenablauf oder eine Rinne entwässert wird.

Der dort verlegte Naturstein ist einer ständigen Wasserbeaufschlagung und Durchfeuchtung ausgesetzt. Damit es zu keiner dauerhaften Verfärbung der Steine im Bereich der Rinne oder des Bodenablaufes kommt, ist schon bei der Planung auf den Einsatz des richtigen Entwässerungsbauteils zu achten. Bodenabläufe und Rinnen mit einer Aufkantung bzw. einer dichten Einrahmung des Rostes sollten bei einer Natursteinverlegung nicht eingesetzt werden. Das Wasser sammelt sich auf der Abdichtungsebene bis zum oberen Rand der Aufkantung an und staut sich auf. Der darauf verlegte Naturstein nimmt das Wasser auf und kann es nicht mehr abgeben, da er unterseitig immer wieder mit

Wasser versorgt wird. Um eine Dunkelfärbung im Naturstein auf dem barrierefreien Badezimmerboden zu vermeiden, sind Entwässerungsbauteile zu verwenden, die ein Abfließen des auf der Verbundabdichtung stehenden Wassers ermöglichen. Neben der geregelten sogenannten Dünnbettverlegung (Mörteldicke 1–5 Millimeter) hat sich parallel während der letzten Jahre, speziell im Naturwerksteinbereich, die Verlegung im Mittelbett entwickelt und etabliert. Besonders wenn großformatige Natursteinplatten verlegt werden sollen, die möglicherweise auch geringe Dickentoleranzen aufweisen, ist die Verlegung im Mittelbett sehr hilfreich. Die Mittelbettverlegung bewegt sich in einer Mörteldicke von 5–20 Millimetern. Unterschiedliche Mörtelmischungen erlauben es, nahezu jeden Naturstein sicher zu verlegen. Es gibt sowohl normal erhärtende, als auch schnell erhärtende und auf Weißzement (weißer Mörtel) aufgebaute Mittelbettmörtel.

– Naturstein fürs Badezimmer

Naturstein ist eines der ältesten Materialien zur Verzierung von Badezimmern. In den vergangenen Jahren erfreuten sich Naturstein-Badezimmer immer größerer Beliebtheit. Dafür gibt es verschiedene Gründe. Die Badezimmer aus Naturstein sehen nicht nur ansprechend aus, sie sind auch äußerst praktisch. Der Werkstoff eignet sich für den Boden ebenso wie für die Verkleidung von Duschwänden oder als Material für das Waschbecken oder als Ablagen wie auch für die Fenstersimse.
   Beim Verlegen gilt es jedoch einige Dinge zu beachten.

– Mit natürlichem Stein das Bad schmücken

Naturstein hat sich nicht nur auf der Terrasse bewährt. Auch im Badezimmer finden die unterschiedlichen Steinsorten vermehrt Anklang. Als Naturstein bezeichnet man natürlichen Stein, der für die Verlegung im Bad oder auf der Terrasse zugeschnitten wird. Die Steine zeichnen sich durch Individualität aus. So wie in der Natur jeder Zentimeter Gestein anders aussieht, unterscheiden sich auch die Naturstein-Badezimmer hinsichtlich der Farben, der Körnung und der Struktur des Gesteins. Jeder Naturstein ist anders und einzigartig. Welche Arten gibt es? Interessierten bietet sich eine große Auswahl.

Marmor zum Beispiel ist ein klassisches und edles Material für Naturstein-Badezimmer. Marmor gibt es in unterschiedlichen Farben, wie etwa Carrara-Weiß oder Rosa.

Die Marmorierung sorgt dafür, dass jede einzelne Platte unterschiedlich aussehen kann. In manchen treten große Kristalle auf, die mit dem bloßen Augen sichtbar sind, während etwa der Carrara-Marmor sehr ebenmäßig wirkt.

Marmor wird nicht nur für die Oberfläche des Badezimmerbodens verwendet, sondern auch für Waschbecken oder Duschwände.

Beim Kauf sollten Sie darauf achten, dass es sich nicht um einen polierten Kalkstein handelt. Richtiger Marmor ist ein metamorphes Gestein, während Kalkstein zu den Sedimentgesteinen zählt. Zu den Sedimentgesteinen, die im Badezimmer ausgelegt werden, gehören auch der Travertin, Sandstein, Brekzien und das Konglomerat.

Metamorphe Gesteine wie der Quarzit oder Gneis zeichnen sich vor allem durch eine hohe mechanische Widerstandsfähigkeit aus. Bei Quarzit muss man als Käufer aufpassen, da nicht jede Sorte für das Bad geeignet ist. „Azul do Macaubas" lässt sich hingegen bedenkenlos im Badezimmer verwenden. Schiefer ist ebenfalls ein Sedimentgestein.

Die Schieferung verleiht jedem Naturstein eine einzigartige Struktur. Schiefer gibt es als Buntschiefer oder mit einem Anstrich von Rot.

Am gängigsten ist allerdings der dunkle bis schwarze Schieferstein.

Granit gehört zu den Magmagesteinen und ist daher sehr hart und belastbar.

Die Farben von Granit reichen von Schwarz zu Grau oder verschiedenen bunten Gesteinen. Granit, etwa für die Duschwände, verleiht einem Badezimmer ein rustikales Äußeres.

– Naturstein im Badezimmer – die Vorteile

Der Naturstein ist nicht nur aufgrund seines vielfältigen Aussehens im Badezimmer beliebt. Ihm sind auch verschiedene Vorteile eigen. Naturstein zeichnet sich durch eine besonders gute Rutschfestigkeit aus, vor allem, wenn die Oberfläche speziell behandelt wurde, wie es etwa bei „gebürsteten" Steinen der Fall ist.

Aufgeraute Steinplatten eignen sich daher besonders für die Dusche. Außerdem sind sie sehr gut in der Lage, Wärme zu speichern. Im Inneren der Steine befinden sich Hohlräume, die die Wärme aufnehmen. Die Kombination mit einer Fußbodenheizung bietet sich an.

Der Naturstein ist vor allem pflegeleicht. Die schwankenden Temperaturen und hohe Luftfeuchtigkeit im Badezimmer machen ihm nichts aus. Schäden an der Oberfläche treten kaum auf. Gleichzeitig lässt sich der Stein leicht reinigen.

Für die Dekoration kann der Naturstein vielfältig eingesetzt werden. Denkbar ist zum Beispiel, Mosaikfliesen aus Naturstein zu verlegen, wie es einst die alten Römer taten. In kleinen Badezimmern machen wenige große Platten zumeist einen besseren Eindruck, während in großen Bädern viele kleine Platten gut wirken können.

Badezimmerwände können mit einem Verblender aus natürlichem Stein verkleidet werden. Jede Wand zu verblenden, führt oft zu einem drückenden Ambiente, weswegen eine gezielte Verblendung einzelner Wände meist vorzuziehen ist.

– Naturstein-Badezimmer selbst verlegen?

Egal für welche Gesteine und welche Gestaltungsvarianten Sie sich entscheiden, bei der Verlegung für ein Naturstein-Badezimmer sind fundierte Kenntnisse gefragt. Die unterschiedlichen Steinsorten verlangen nach jeweils geeigneten Verlegetechniken. Manche von ihnen reagieren auf bestimmte Chemikalien, während andere sich bei einem feuchten Untergrund verformen können. Auch das nahtlose Aneinanderfügen der Fliesen erfordert ein großes handwerkliches Geschick.

Daher ist es besser, wenn Sie sich an einen Profi wenden. Selbstverständlich übernehmen die Experten auch die Verlegung der Steinplatten. Nur mit einer richtigen Verlegung lohnt sich die Investition in ein Naturstein-Badezimmer.

Das Verlegen von Natursteinfliesen ist keine leichte Aufgabe. Damit Sie auch wirklich Ihr Naturstein-Badezimmer genießen können, sollten Sie sich am besten an einen Plattenleger oder Naturstein-Fachbetrieb wenden. Die Fachmänner sind Spezialisten für das korrekte Legen von Natursteinfliesen.

– Wie werden Natursteine gepflegt?

Trotz ihrer robusten Eigenschaften benötigen die Gesteine dennoch von Zeit zu Zeit Pflege. Säurehaltige Reinigungsmittel können das Gestein angreifen. Manche Steinsorten leiden unter Säure stärker als andere. Besondere Wischpflegen oder mildalkalische Reinigungsmittel sind die beste Wahl.

» Natursteine sollten grundsätzlich imprägniert werden. Aufgrund der chemisch unterschiedlichen Zusammensetzung haben die Steinsorten auch unterschiedliche Ansprüche und benötigen individuelle Reinigungslösungen. Wie ökologisch ist ein Naturstein-Badezimmer? Bei der Gewinnung von natürlichen Gesteinen soll weniger Energie verbraucht werden als bei vielen anderen Materialien, die im Badezimmer verbaut werden.

Aufgrund der weltweiten Vorkommen sind die Transportwege kurz. In der Schweiz, Österreich oder Deutschland gibt es zahlreiche Gebirge, die als Abbaugebiet dienen. Außerdem senkt die gute Wärmeleitfähigkeit des Natursteins meist den Energieverbrauch.

– Wie lange halten Natursteine?

Im Vergleich zu künstlichen Fliesen sind die Steine aus der Natur recht teuer. Viele entscheiden sich dennoch aus Kostengründen für ein Naturstein-Badezimmer, da die Steine sehr lange halten. Die Haltbarkeit hängt von der Art der Steine, der Belastung und der Gründlichkeit der Pflege ab. Gut behandelte Natursteinfliesen können ein Leben lang halten.

– Woran erkennt man richtige Kalksteinfliesen?

Was den Kalkstein anbelangt, herrscht oft Begriffsverwirrung. So handelt es sich etwa beim „Jura Marmor" nicht um das Gestein, das der Name vermuten lässt. Es ist nur eine andere Form von Kalkstein, der aus dem Frankenjura stammt. Kalksteinfliesen sind hell, mit einer sanften Oberfläche und zumeist cremefarben oder cremebraun. Richtiger Marmorstein ist in der Regel heller, farblich dichter und teurer als Kalksteinfliesen.

– Warum sollte nur ein Fachmann Natursteinfliesen verlegen?

Nur ein Fachmann kennt sich mit den vielen Natursteinsorten aus. Manche Steinarten reagieren chemisch auf bestimmte Untergründe und müssen auf eine besondere Art verlegt werden. Andernfalls können schädigende Nebenwirkungen auftreten, etwa eine Verformung oder Verfärbung des Steins.

Außerdem erfordert das Verlegen von Naturstein viel Können, über das nicht jeder Heimwerker verfügt. Nicht jeder Heimwerker hat auch dass passende Werkzeug, wie Diamantsägen und Diamantbohrer, um den Naturstein fachgerecht bearbeiten zu können.

– Wie können Schäden vermieden werden?

Natursteine gelten als besonders edle Beläge für Wand und Boden. Wer sein Bad mit Marmor fliest, verschafft sich damit nicht zuletzt ein Statussymbol. Was viel Geld kostet, soll natürlich auch lange halten bzw. lange gut aussehen. Doch gerade hier bereiten Natursteine oft Probleme. Denn sie sind nicht nur schön, sondern auch empfindlich und verlangen daher spezielle Verlegewerkstoffe.

Ansonsten drohen innerhalb kürzester Zeit hässliche Verfärbungen oder Verformungen der Beläge. Unbehandelte Natursteinfliesen sind nicht wasserdicht. Durch die Kapillare der porösen Steine kann also Feuchtigkeit wandern und auf unterschiedliche Art und Weise Verfärbungen verursachen. Aus diesem Grund eignen sich viele Natursteinarten, wie etwa Marmor, nicht für die Verlegung im Außenbereich. Materialien wie Granit und Basalt haben dagegen eine relativ dichte Oberfläche und nehmen deshalb nur geringe Mengen Wasser auf. Sie sind daher auch für den Gartenbereich geeignet. Naturwerksteine mit einer hohen kapillaren Saugfähigkeit eignen sich jedoch nur für den Innenbereich, auch deshalb, weil sie nicht frostbeständig sind.

– Verfärbungen und Verformungen

Dringt Wasser in Natursteine ein, drohen unter anderem Verfärbungen an der Plattenoberfläche. Diese entstehen durch unterschiedliche Substanzen, die vom Wasser transportiert werden. Das können Stoffe aus dem Naturstein selbst sein, beispielsweise Eisensalze oder Spuren von Bitumen, oder aber Stoffe aus dem Verlegemörtel (insbesondere Kalk).

Feuchtigkeit, die aus dem Mörtelbett rückseitig auf die Platten einwirkt, kann bei empfindlichen Natursteinen zudem zu Verformungen führen. Die Randbereiche der Platten wölben sich dann nach oben oder nach unten, und der Stein verliert teilweise den Kontakt zum Klebmörtel. Man spricht in diesem Zusammenhang von einer Aufschüsselung.

Insbesondere bei den derzeit modischen großformatigen Platten, die zugleich immer dünner werden, ist die Gefahr solcher Verformungen hoch. Werden aufgeschüsselte Natursteine dann belastet, kann es schnell zu Materialrissen kommen.

– *Bindung des Anmachwassers*

Um die Gefahr der genannten Feuchteschäden zu minimieren, hat die bauchemische Industrie spezielle Zementmörtel (Schnellkleber) für die Verarbeitung von Natursteinfliesen entwickelt. Bei diesen Produkten wird das Anmachwasser sehr schnell kristallin im Mörtel gebunden, so dass es nicht mehr in den Naturstein wandern kann.

Darüber hinaus kann der Verarbeiter natürlich auch selbst zur Schadenfreiheit beitragen, indem er beim Mörtel anmischen nicht mehr Wasser verwendet als unbedingt notwendig. Das Risiko von Ausblühungen lässt sich zudem durch Klebemörtel senken, die nur wenig Kalk enthalten oder in denen die Kalkbestandteile schwer wasserlöslich sind.

Und wer auf Nummer sicher gehen will, kann auch ganz auf Mörtel verzichten und stattdessen wasserfreie Reaktionsharzkleber einsetzen.

Da Naturstein schon bei normaler Beanspruchung empfindlich auf Wasser reagiert, leuchtet es ein, dass die Anwendung in Nassbereichen besonders kritisch ist. Trotzdem werden Natursteinbeläge auch im Bad und sogar direkt im Duschbereich verwendet. Dafür muss das Material allerdings mit einer Spezialimprägnierung behandelt werden. Diese soll dafür sorgen, dass Wasser größtenteils von der Oberfläche abperlt. Ansonsten drohen hässliche Feuchteflecken. Das gilt insbesondere in Situationen, in denen der Duschabfluss verstopft ist, so dass längere Zeit Stauwasser auf der Natursteinfläche stehen bleibt.

Natürlich muss auch sichergestellt werden, dass keine Feuchtigkeit aus dem Untergrund in die feinen Kapillaren des Natursteins eindringt. Eine Verbundabdichtung unterhalb des Kleberbettes sollte also auf jeden Fall eingebaut werden.

– Weiße Mörtel und spezielle Fugenmassen

Manche unschönen Überraschungen bei Natursteinbelägen haben allerdings gar nichts mit Belastungen durch Feuchtigkeit zu tun. Einige Materialien haben eine sehr helle Farbe und kristalline Struktur, so dass Licht durch sie hindurchscheint. Wenn solche Platten nun mit grauem Zementmörtel verlegt werden, büßt der Stein einiges von seiner optischen Brillanz ein – er wirkt dunkler.

Deshalb gibt es für leicht transparente Natursteinfliesen weißfarbige Zementmörtel, wodurch die Optik weniger stark beeinflusst wird. Um die natürliche Optik heller Natursteine angemessen herauszustellen, sollte zudem darauf geachtet werden, dass die Plattenrückseite vollflächig mit Mörtelmasse benetzt wird (Buttering-Floating-Verfahren).

Eine andere böse Überraschung droht, wenn man empfindliche Natursteinfliesen mit normalen Fugenmassen verfugt.

Diese können nämlich zu Kratzspuren auf der Plattenoberfläche führen. Deshalb gibt es besonders feine Fugenmörtel, die keine schleifenden Bestandteile beinhalten. Hierzu bietet der Handel spezielle Naturstein-Fugenmörtel an.

Schließlich ist auch beim Einsatz von Silikondichtstoffen Vorsicht geboten. Die Standardprodukte enthalten oft Bestandteile wie Essigsäure, die Verfärbungen an Natursteinplatten hervorrufen können. Auch hier bietet die Industrie Spezialprodukte, um solche Probleme zu vermeiden.

7.6.5 Mosaik

– Verlegung von Mosaik

Mosaik zu verlegen wäre extrem schwierig und zeitaufwendig, wenn man jede kleinformatige Fliese einzeln und mit gleichmäßigen Fugenabständen verlegen müsste. Aus diesem Grund werden Mosaikfliesen als sogenannte Mosaiknetze geliefert, was bedeutet, dass die Fliesen entweder mit ihrer Rückseite werkseitig auf ein Netz aus Kunststoff aufgeklebt wurden oder von einer vorderseitigen Papierverklebung zusammengehalten werden.

Handelt es sich um ein Kunststoffnetz, ist zum Schutz der Fliesenoberfläche zusätzlich eine vorderseitige Papierverklebung aufgebracht.

Für die Verlegung ist ein absolut ebener Belagsuntergrund notwendig, der meistens durch eine Spachtelung erzielt wird. Um zu erreichen, dass der Fugenverlauf zwischen den einzelnen Belagsfeldern regelmäßig ist, empfiehlt es sich, auf dem Untergrund ein Raster von 3 x 3 Mosaikfeldern – etwa 90 x 90 Zentimeter – zu markieren. Nach dem Aufbringen der Kontaktschicht wird für dieses Feld der Dünnbettmörtel waagerecht abgekämmt. Anschließend wird von links nach rechts, von oben nach unten jedes Mosaikfeld Zeile für Zeile in das Kleberbett eingerollt. Dabei ist auf den Fugenverlauf zwischen den Feldern zu achten. Danach wird der Mosaikbelag kantenfrei in das Kleberbett gedrückt. Wenn alle Mosaiknetze verlegt sind und der Kleber ausreichend angetrocknet ist, kann man die vorderseitige Papierverklebung entfernen. Dazu wird das Papier so lange angenässt, bis es sich diagonal von der Mosaikfliese lösen lässt. Dies ist vorsichtig durchzuführen, da sich sonst die Mosaikplättchen lösen.

Anschließend wird der Fugenverlauf mit Hilfe einer Spitzkelle korrigiert, dabei sind die Fugen zwischen einzelnen Mosaikfeldern besonders zu kontrollieren, damit die Belagsfläche ein möglichst gleichmäßiges Fugenbild erhält. Die endgültige Anpassung der Mosaiknetze an die Raumgeometrie erfolgt durch den passgenauen Zuschnitt der Netze mit einem Cuttermesser. Nach der Erhärtungszeit wird der überschüssige Dünnbettmörtel entfernt, die Verfugung der Belagsfläche erfolgt nach der vorgeschriebenen Ruhezeit. Neben Mosaikfliesen werden auch Keramikfliesen in Abmessungen von etwa 10 x 10 Zentimeter in Form von Fliesennetzen angeboten.

Beide Varianten sind einfarbig, als Kombinationen mehrerer Farben, Texturen und/oder Formaten sowie als Bildmotive erhältlich.

– Mosaikfliesen – Herausforderungen mit Mosaikmatten erfolgreich meistern

Bei Badfliesen liegen derzeit die Extreme im Trend. Neben großformatigen Platten gelten auch Mosaikfliesen und Naturstein als geschmackvolle Optionen für das zeitgemäße Baddesign. Mosaikfliesen bestehen zwar aus vielen kleinen Steinen, aber diese werden nicht einzeln als Badfliesen verlegt. Denn ab Werk liefern die Hersteller Tafeln mit bis 100 Einzel-Mosaikteilen aus.

– Kleinteilige Mosaikfliesen als geschmackvolle Option für das moderne Bad

Mosaikfliesen sind Fliesen oder Platten, deren Oberfläche kleiner ist als 90 Quadratzentimeter. Dabei können die einzelnen Mosaiksteine quadratisch, rechteckig oder auch rund sein. Rechteckige Mosaikfliesen haben eine Kantenlänge von etwa 2–10 Zentimetern, bei Natursteinarbeiten sind die Längen teilweise geringer.

Die runden Mosaikfliesen-Exemplare werden übrigens als Pfennig- oder Knopfmosaik bezeichnet.

Mosaikfliesen haben eine sehr lange Tradition. Denn seit Jahrtausenden nutzen Menschen zunächst schwarzweiße, später auch bunte Naturstoffe, zu Mosaiken zusammengefügt. Früher gab es hauptsächlich Natursteinarbeiten. Erst später kamen Mosaikarbeiten aus Keramik, Glas aus farbigem Glasfluss oder Glas mit aufgeschmolzener Goldfolie, aus Naturstein und auch aus gefärbtem oder glasiertem Ton dazu.

Heute werden Mosaike in der Regel industriell gefertigt und als Keramikmosaik, Glasmosaik oder Natursteinmosaik angeboten. Besonders begehrt sind die edlen Steine in Nassbereichen und Badezimmern, wo die kleinen Quadrate mittels ihrer maritimen und mediterranen Farben prächtige und funkelnde Wohlfühloasen zaubern. Für eine einfachere Handhabung und schnelleres Verlegen kleben die Hersteller die Einzelfliesen entweder rückseitig oder vorderseitig auf Kunststoffnetze oder Papier auf und bieten diese in Form von Verlegetafeln an. Natursteinmosaike sind dagegen meistens auf der Vorderseite mit einem Papier beklebt.

Mosaikarbeiten haben aber auch technische Vorzüge. So lassen sich mit ihnen gerundete Flächen wie Saunaliegen oder Türbögen belegen, da die Kleinflächigkeit eine gute Anpassung an den Untergrund ermöglicht.

– Mosaikfliesen sind umweltgerecht und langlebig

Als wichtige Materialeigenschaften von Mosaikarbeiten sind die Frostbeständigkeit und Bakterienfeindlichkeit zu nennen. Mosaike, egal ob aus Glas, Stein oder Keramik, sind besonders pflegeleicht und unempfindlich gegenüber Flecken.

Ihre besondere Langlebigkeit zeichnet sich außerdem durch die Licht- und Farbbeständigkeit aus, die das Material mit sich bringt.

Der Verzicht auf chemische Zusatzstoffe verleiht Mosaikarbeiten das Prädikat schadstofffrei und wertbeständig.

Sie wünschen sich ein stilvolles Ambiente mit einer großen Vielfalt an Formen und Farben? Und gleichzeitig soll es dem Anspruch an zeitlose Schönheit gerecht werden? Dann greifen Sie doch auf die uralte, aber immer noch beliebte Mosaikverlegung zurück.

– Mosaikfliesen liegen im Trend

Viele Farben und Oberflächen geben die Möglichkeit zur individuellen Gestaltung. Dabei können Mosaikfliesen leicht kombiniert oder auch einzeln eingesetzt werden. So lassen sich Akzente setzen, zum Beispiel als horizontale oder vertikale Streifen oder es lassen sich auch ganze Bäder stilvoll modernisieren. Der größte Vorteil der Mosaikfliesen liegt aber in ihrer Flexibilität. Durch eine Verbindung von vielen kleinen Fliesen lassen sich

Unebenheiten ausgleichen oder gewünschte Schrägen und Bögen fliesen. Gerade bei begehbaren Duschen mit Bodenablauf sind Mosaikfliesen eine optimale Lösung.

Durch die vielen Fugen ist auch bei glatten Fliesen eine rutschhemmende Wirkung als Bodenbelag im Duschbereich realisierbar. Speziell runde Badewannen lassen sich damit leicht verkleiden und perfekt in das Gesamtbild einpassen. Die kleinen Mosaike werden auf einem Gitter gehalten und müssen selten mit einem Fliesenschneider geschnitten werden.

– Mosaikfliesen verlegen: Anleitung

1. Vor dem Fliesen: Den Untergrund vorbereiten

Wie bei allen Arbeiten sollte der Untergrund fest, trocken und tragfähig sein. Um lose feine Teile im Untergrund zu binden und die Saugfähigkeit zu regulieren, empfiehlt sich immer eine Behandlung mit Tiefengrund oder anderen speziellen Mitteln. Hierbei bitte genau die Herstellerangaben beachten. Bei unebenen Flächen ist ein Ausgleichsputz mit Gewebe oder eine Spachtelung zu empfehlen. Zum einen egalisiert er Höhenunterschiede und zum anderen verhindert das Gewebe Rissbildungen.

2. Abdichtung des Untergrundes

Generell sollte in Feuchträumen der Untergrund gegen durchdringende Nässe abgedichtet werden.

Durch den hohen Fugenanteil bei dem Mosaikbelag ist die Gefahr recht hoch, dass Wasser durch die Fugen in den Untergrund dringt. Optimal geeignet für die Abdichtung ist hierfür Flüssigfolie (Flüssigkunststoff). Nach einem Haftgrund kann diese gestrichen, gerollt oder gespachtelt werden. Bewährt hat es sich, eine erste Schicht verdünnt mit der Rolle aufzutragen und eine weitere etwas dicker mit einer Glättkelle. Dazu bitte immer die Herstellerangaben beachten und bei guter Lüftung arbeiten. Eine besondere Abdichtung benötigen Ecken, Stöße, Zu- und Abflüsse.

Hierfür gibt es gummiertes Dichtband, passende Ecken und auch Manschetten. Diese werden in zwei Schritten eingearbeitet. Der erste Anstrich der Flüssigfolie erfolgt bis in die Ecken, aber ohne Dichtband. In die noch frische Flüssigfolie wird das Dichtband gelegt und der Rand nochmals mit Flüssigfolie überstrichen. Der komplette zweite Anstrich oder Auftrag mit der Glättkelle erfolgt dann gleichmäßig über Wand, Boden und Dichtband. Damit ist eine absolut wasserdichte Dusche gewährleistet.

3. Mosaikfliesen richtig schneiden

Die Mosaikzange gibt es in zwei Ausführungen. Sie kann ähnlich einer Kneifzange zwei gehärtete Schneidbacken oder aufgesetzte Schneidräder haben. Mit ihnen wird das Mosaik an der gewünschten Stelle gebrochen. Mosaikfliesen bieten gegenüber großformatigen Fliesen einen enormen Vorteil – oft wird kein Fliesenschneider benötigt. Die kleinen Mosaike sind meist nicht größer als 2 Zentimeter und richtig vermittelt ist ein Schneiden der einzelnen Quadrate selten notwendig, denn durch Verschieben im Fugenbild kann erreicht werden, dass der Belag nur mit ganzen Mosaiksteinen verlegt werden kann. Durch minimale Anpassungen der Fugen kann fast jedes Gesamtmaß erreicht werden. Zum Schneiden der Matten wird nur eine Schere oder ein Cuttermesser benötigt. Sollten doch mal Mosaike geschnitten werden müssen, wird es ohne Spezialwerkzeug etwas problematisch und aufwendig.

Ein Schneiden der kompletten Matte ist auf dem Nassschneider nicht möglich, da sich der Kleber des Papiers bzw. des Gewebes auflöst und die einzelnen Mosaike abfallen. Dennoch lassen sich auch Mosaikfliesen mit einer Mosaikzange sauber und sicher schneiden.

4. Fliesenkleber auftragen

Für diesen Arbeitsschritt wird der Fliesenkleber nach Herstellerangaben angerührt und mit einer Kelle und der Zahnkelle aufgetragen. Dabei ist darauf zu achten, dass sich überall ein gleichmäßiges gekämmtes Bild ergibt.

Hinweis: Die Größe der Zähne richtet sich dabei nach der Größe der zu verlegenden Fliesen. Auch wenn die Matten der Mosaikfliesen größer sind, wird sich hier nach dem einzelnen Mosaik gerichtet. Mit etwa 2 Zentimeter sind diese sehr klein und so wird auch eine feine Zahnkelle mit 3 Millimeter ausgewählt.

Achten Sie auf die richtige Wahl des Fliesenklebers. Glasmosaik ist häufig durchscheinend, also ist hier ein weißer Kleber zu nehmen. Am besten ist eine Probeverlegung, um zu sehen, ob der dunkle Kleber durchscheint.

5. Mosaikfliesen auflegen und ausrichten

Drücken Sie beim Auflegen der Fliesen nicht zu stark auf, damit kein Fliesenkleber durch die Fugen dringt. Ist der Fliesenkleber gleichmäßig aufgetragen, kann mit dem Verlegen der Matten begonnen werden. Da Fugenkreuze nur bedingt hilfreich sind, ist für ein sauberes Fugenbild ein gutes Auge gefragt. Hilfreich ist es dabei, die Matten im Versatz zu legen. Während die erste Reihe mit einer vollen Matte begonnen wird, wird in der zweiten eine zugeschnittene Matte verwendet. Dadurch kann jede weitere Matte nach dem Fugenbild der anderen Reihe ausgerichtet werden. Viel Zeit bleibt zum Ausrichten allerdings nicht. Die Matten nehmen die Feuchtigkeit schnell auf, und lösen sich die Mosaiksteine, müssen sie alle einzeln ausgerichtet werden. Damit der Fliesenkleber nicht aus den Fugen tritt, sollten Mosaikfliesen nicht zu sehr ins Kleberbett gedrückt werden. Um sie dennoch gleichmäßig in der Höhe auszurichten, können Hilfsmittel wie ein Moosgummibrett genutzt werden. Mit leichtem Druck lassen sich damit alle Mosaike gleichmäßig ausrichten. Wischende Bewegungen sollten aber vermieden werden, um das Fugenbild nicht zu verschieben. Danach können Sie mit dem Verfugen beginnen.

7.7 Schreinerarbeiten

Bei dem Um- bzw. Neubau eines Wellnessbereichs kann es auch notwendig sein, eine neue Tür einzubauen.

Bevor Sie nun eine neue Holztür einbauen, sollten Sie sich über das Wie einige Gedanken machen, da sich dies schwieriger gestalten kann, als die meisten Laien es erwarten. Daher ist ein genauer Blick auf die Tücken und Probleme beim Austausch oder Neueinbau von Türen durchaus lohnenswert, um Fehler bereits im Vorfeld zu vermeiden.

Um sicherzugehen, ist es jedoch besser, einen qualifizierten Tischler oder Schreiner die Holztüren einbauen zu lassen.

7.7.1 Vorbereitung für den Einbau einer Holztür

Bevor eine neue Holztür eingebaut werden kann, müssen zunächst einige Daten ermittelt werden.

Da alle neueren, frei erhältlichen Innentüren im Bezug auf Baumasse und Schwenkrichtung genormt sind, existiert nur eine begrenzte Anzahl an Formaten. Diese hängen von der Breite und Höhe der Türöffnung sowie der Wandstärke ab. Diese Werte werden Sie für den Kauf der neuen Türen benötigen, vor allem wenn auch eine neue Zarge eingebaut werden soll. In Altbauten kann es immer wieder vorkommen, dass es sich bei den Türen um sogenannte Schreiner- beziehungsweise Tischlertüren handelt, die speziell angefertigt wurden und daher nicht den genormten Rohbaumaßen für Holztüren entsprechen. Ist dies der Fall, sollten Sie nicht versuchen, die Holztüren selber zu bauen, sondern einen Fachmann mit dem Anfertigen einer neuen Tür beauftragen.

Wenn Sie eine Tür kaufen, gibt es verschiedene Gründe, weshalb Sie Holz als Material vorziehen sollten. Es sieht nicht nur sehr natürlich und edel aus, sondern ist auch sehr robust. Des Weiteren verfügt es über ausgezeichnete Wärmedämmeigenschaften, so dass Sie den Energieverbrauch in Ihrem Zuhause positiv beeinflussen können.

– Genauigkeit ist das A und O beim Einbau einer Holztür

Sind die Vorbereitungen abgeschlossen und die neue Tür samt Zarge steht zur Verfügung, kann mit dem Einbau begonnen werden. Nur wenn dabei die Vorgaben des Herstellers genau eingehalten werden, kann die volle Funktionstüchtigkeit der Tür gewährleistet werden.

Es ist vor allem darauf zu achten, dass die Zarge exakt lotrecht ausgerichtet ist, um ein späteres Klemmen beim Öffnen und Schließen zu vermeiden.

Auch muss ein entsprechender Abstand zum Bodenbelag verbleiben. Die Ausrichtung der Zarge kann dabei mithilfe von Holzkeilen sichergestellt werden. Ist der Abstand zum Boden zu klein, können sich kleine Steine, die sich in der Schuhsohle verfangen haben, zwischen Boden und Tür verkeilen und zu Kratzern führen.

» Mit den sogenannten Türzargenzwingen wird die Zarge fixiert, bevor sie durch Montageschaum endgültig mit der Wand verbunden wird.

» Nach dem Zusammenbauen der Zargenblende erfolgt das Einsetzen und Verbinden mit der vorbereiteten Zarge. Abschließend kann die Tür final einbaut werden.

» Um für Innentüren die Wärmedämmeigenschaften weiter zu verbessern, können Sie die Holztüren abdichten. Auf diese Weise bleibt die Wärme im Raum und die Heizkosten sinken.

Da, wenn Sie eine neue Holztür einbauen, hohe Kosten auf Sie zukommen können, sollten Sie im Vorfeld einen umfangreichen Preisvergleich vornehmen und auch eine Beratung durch einen qualifizierten Tischler oder Schreiner in Anspruch nehmen. Noch besser ist es, direkt einen entsprechenden Fachbetrieb mit dem Einbau zu betrauen.

7.7.2 Anarbeitung Sauna

Da die Sauna in der Höhe wahrscheinlich nicht mit der Raumhöhe korrespondiert, wird es unumgänglich sein, den bestehenden Schlitz bzw. die Öffnung von einem Schreiner verschließen zu lassen.

7.7.3 Malerarbeiten

Eine Wand aus Gipskarton ist schnell aufgestellt. Das macht das Material bei Heimwerkern so beliebt. Beendet ist die Arbeit damit jedoch noch nicht.

Denn bevor Fliese, Farbe oder Tapete auf den Gipskarton kommen, muss die Oberfläche gespachtelt werden. Das Problem: Je nach weiterer Verwendung gibt es unterschiedliche Qualitätsansprüche an die Verspachtelung.

Welche ist also die richtige?

Wir stellen die einzelnen Stufen der Oberflächengüte im Überblick vor.

Zwischen- oder Installationswände aus Gipsplatten sind unheimlich praktisch und vergleichsweise leicht aufzustellen. Kein Wunder also, dass sie bei Heimwerkern zu Renovierungszwecken an erster Stelle stehen. Allerdings ist mit dem Aufstellen der Gipsplatten der Trockenbau noch nicht beendet.

Denn es steht noch die Entscheidung an, wie die neue Wand am Ende aussehen soll:

» Dürfen es Fliesen oder Tapeten sein? Soll die Wand komplett mit Platten verlegt werden oder nur bis zu einer bestimmten Höhe – soll der Rest gestrichen oder verputzt werden?
» Soll die Wand komplett gestrichen oder glatt verputzt werden? Je nachdem, wie diese Entscheidung ausfällt, muss die Verspachtelung der Gipsplatten ein bestimmtes Qualitätsniveau erreichen. Willkürlich ist das Spachteln hier also nicht!

Oberflächengüte/ Q1 – Q4 im Überblick

Stufe	Bezeichnung	Vorgaben	Durchgänge	Geeignet für
Q1	Grundverspachtelung	Grobes Verschliessen von Fugen und Befestigungsöffnungen	1	Fliesen, Steinplatten, Kunstplatten
Q2	Standardverspachtelung	Schritte von Q1 Stufenloses Verspachteln der Fugen, Fehlstellen ausbessern	mind. 2	Einfache Wandverkleidung (Raufaser, Vlies), Dispersionsfarben grösser 1 mm
Q3	Sonderverspachtelung	Schritte von Q2 Breites Ueberspachteln der Fugen, Porenverschluss	mind. 3	Feine Strukturtapeten, matte Farben, Oberputz kleiner 1 mm
Q4	Vollverspachtelung	Schritte von Q3 Flächiger Auftrag von Spachtelmasse oder Dünnputz	mind. 4	Metalltapeten, Glanz-Vinyltapeten, Lasuren, Glätttechniken

Zur besseren Orientierung werden heute vier separate Qualitätsstufen vorausgesetzt, die „Oberflächengüte" genannt werden. Praktischerweise tragen die einzelnen Güten einfach die Kürzel Q1 bis Q4. Gerade wenn Handwerker im Haus sind, ist es angeraten, die Qualität der Spachtelarbeiten im Vertrag genauestens festzuhalten. Denn schwammige Begriffe wie „malerfertig", „streichfertig" oder „tapezierfähig" können später zu eigenwilligen Interpretationen führen. Die Oberflächengüten Q1 bis Q4 sind dagegen genau definiert, so dass Missverständnisse vermieden werden. Wir stellen diese Spachtelgüten im Einzelnen vor:

– Oberflächengüte Q1

Die Oberflächengüte Q1 fällt bei sämtlichen Trockenbauarbeiten an, denn es handelt sich hierbei um das grundlegende Verschließen von Fugen und Befestigungslöchern.

Dabei werden die Fugen grob aufgefüllt und die Schraublöcher verspachtelt. Außerdem werden überstehende Grate abgeschlagen. Einzelne Kratzer und Dellen werden jedoch nicht geglättet. Diese einfachste unter den Spachtelgüten ist eigentlich nur eine Vorstufe, kann aber als abschließende Verspachtelung dienen, wenn Gipsplatten-Oberflächen in der Folge mit Fliesen oder Platten (z. B. Naturstein) beklebt werden sollen. Für andere Deckmaterialien muss eine bessere Oberflächengüte gewählt werden.

– Oberflächengüte Q2

In den meisten Fällen werden Heimwerker und Auftraggeber mit der Oberflächengüte Q2 zufrieden sein. Hierbei werden die Fugen nicht nur grob aufgefüllt, sondern in einem weiteren Spachtelgang bündig verschlossen, so dass eine einheitliche, stufenlose Oberfläche entsteht. Auch abseits der Fugen wird eine einigermaßen glatte Oberfläche durch Verschließen von Löchern und Kratzern sichergestellt. Ab der Stufe Q2 ist es angeraten, zusätzlich Fugendeckstreifen zu verwenden, um einer Rissbildung an den Plattenstößen vorzubeugen.

– Oberflächengüte Q3

Für gehobene Ansprüche wird beim Spachteln die Oberflächengüte Q3 vorausgesetzt. Das bedeutet zunächst, dass alle Arbeiten der Oberflächengüte Q2 anzubringen sind. Darüber hinaus werden Fugen und Stöße in einem zusätzlichen Arbeitsgang noch einmal breiter verstrichen.

Abschließend werden die Gipsplatten mit Spachtelmasse scharf abgestrichen, um die Poren zu verschließen.

Die Sonderverspachtelung Q3 erlaubt das anschließende Anbringen feinstrukturierter Oberflächen, wie sie z. B. durch Feinstrukturtapeten, einer matten Bemalung oder durch Feinputz mit einer Körnung unter 1 Millimeter erreicht werden.

– Oberflächengüte Q4

Verwöhnten Naturen ist das Beste gerade gut genug. Sie müssen daher auch auf die höchste Oberflächengüte zurückgreifen. Bei der Vollverspachtelung werden nicht nur die Arbeiten der Stufe Q3 durchgeführt. Zusätzlich wird eine vollflächige Deckschicht aus Spachtelmasse oder Dünnputz in einer Stärke von 1–3 Millimetern aufgetragen und glatt abgezogen. So wird eine maximale Ebenheit der Oberfläche erreicht.

Die Oberflächengüte Q4 spielt dort eine Rolle, wo leichteste Unregelmäßigkeiten für unerwünschte Schattenspiele sorgen könnten, so etwa bei Metalltapeten oder glänzenden Vinyltapeten. Daneben ist sie die beste Ausgangsbasis für Lasuren und Marmorierungen und andere Glätttechniken.

– Zielgerichtet spachteln

Vor jedem weiteren Arbeitsgang muss die zuvor ausgeführte Verspachtelung durchgetrocknet und ordentlich abgebunden sein.

Beim Betrachten der verschiedenen Spachtelgüten wird schnell klar, dass schon vor dem Verspachteln klar sein sollte, wie es danach weitergeht. Denn wenn nicht gerade eine Verfliesung vorgenommen wird, reicht alleiniges Verfüllen von Fugen und Stößen der Gipsplatten nicht aus. Zu viel des Guten muss es aber auch nicht sein, falls ohnehin nur mit Raufaser tapeziert werden soll.

In jedem Fall ist darauf zu achten, dass die Spachtelmasse vor den weiteren Arbeiten gut durchtrocknet und mit dem Untergrund sauber abbindet. Schon vor jedem weiteren Spachtelgang kann es angeraten sein, die vorigen Verspachtelungen abzuschleifen, um größere Ebenheit zu erreichen. Auch wäre es von Vorteil, wenn bei den Spachtelarbeiten bereits ähnliche Lichtverhältnisse vorherrschen wie im fertigen Raum. Denn nur so lässt sich einigermaßen sicher abschätzen, ob irgendwo unerwünschte Schattierungen auftreten. Diese sind nämlich bei den Stufen Q3 und insbesondere Q4 nicht mehr gern gesehen.

Passt mit der Verspachtelung alles, ist noch ein letzter Schritt zu erledigen, bevor es daran geht, die Oberflächengestaltung vorzunehmen. Mit dem Grundieren der Gipsplatten beschäftigen wir uns jedoch im nächsten Artikel.

– Vor dem Streichen – Gipskarton grundieren

Gipskarton-Oberflächen zu gestalten, muss nicht sonderlich kompliziert ausfallen. Wenn es schnell gehen soll, lassen sie sich auch wunderbar streichen. Damit aber die Farbe gleichmäßig trocknet, ordentlich anhaftet und keine Flecken erzeugt, empfiehlt es sich, zuvor den Gipskarton zu grundieren. Wie aber funktioniert das? Und gibt es nur einen Weg, das zu erreichen? Der folgende Überblick verrät, auf welche Weise sich Gipskarton grundieren lässt.

Grundierung	Vorteil	Nachteil
Tiefengrund	Gleichmässige und zuverlässige Grundierung, auch bei Mischmauerwerk	Zusätzlicher Arbeitsschritt
Verdünnte Farbe	Weniger Materialaufwand	Unterschiedliches Resultat bei verschiedenen Untergründen, keine echte Grundierung
Trockenbaufarbe	Grundierung und Farbe in einem Schritt	Vergleichsweise teuer

– Warum Gipskarton grundieren?

Gipskartonplatten sind denkbar vielseitig einsetzbar. Mit ihnen lassen sich nicht nur Vorsatzschalen und Zwischendecken fertigen. Sie werden auch als Untergrund an Wand und Decke angelegt. Von seinen Eigenschaften her betrachtet, ist Gipskarton allerdings recht empfindlich gegenüber äußeren Einflüssen.

Im Grundzustand saugt das Material Flüssigkeit auf wie ein Schwamm und UV-Strahlen lassen die Oberflächen schnell vergilben. Klar, dass das nicht die besten Voraussetzungen sind, wenn die Gipskartonflächen einfach nur mit Farbe gestrichen werden sollen. Um hier also schon vor dem Streichen negative Folgeerscheinungen ausschließen zu können, bietet es sich an, nach den Spachtelarbeiten den Gipskarton zu grundieren.

Durch das Grundieren von Gipskarton werden folgende Verbesserungen erreicht:

» Das Saugverhalten der Oberfläche wird reduziert. Die Farbe kann gleichmäßig auftrocknen, so dass keine lokalen Farbabweichungen entstehen.
» Der Anstrich trocknet nicht vorzeitig aus. Der Halt der Farbe verbessert sich und es wird insgesamt weniger Material benötigt.
» Oberflächen und verspachtelte Fugen werden im Saugverhalten angeglichen. Die Fugen scheinen damit nicht mehr augenfällig hervor.
» Mischmauerwerk aus Putz, Mörtel, Gipskarton und anderen Untergründen wird vereinheitlicht. Nach dem Anstrich treten optisch keine Unterschiede mehr auf.

Eine Grundierung bietet also viele Vorzüge, auf die nicht verzichtet werden sollte.

Wie aber lässt sich Gipskarton grundieren? Und muss es wirklich immer eine echte Grundierung sein?
Im Folgenden werden die drei wichtigsten Arten von Vorbehandlung vorgestellt.

1. Grundieren mit Tiefengrund

Die naheliegende und sicherlich auch zuverlässigste Methode, um vor dem Streichen Gipskarton zu grundieren, ist die Vorbehandlung der Oberflächen mit Tiefengrund. Dieser sättigt und vereinheitlicht das Saugverhalten der Gipsplatten und sorgt so für ein gleichmäßigeres Auftrocknen des anschließenden Anstrichs. Auch Mischmauerwerk aus unterschiedlichen Baumaterialien wie Putz und Gipskarton wird so in seinen Eigenschaften angeglichen.

Vor dem Einsatz von Tiefengrund sollte allerdings darauf geachtet werden, dass die Grundierung zur verwendeten Farbe (Kalkfarbe, Silikatfarbe) passt. Am besten sind Grundierung und Farbe vom selben Hersteller zu wählen. Aufgetragen wird der Tiefengrund für gewöhnlich mit Quast oder Farbrolle.

Das Grundieren mit Tiefengrund stellt natürlich einen zusätzlichen Arbeitsschritt dar, womit Zeitbedarf und Materialaufwand für das Bauprojekt erhöht werden. Auch muss noch die Trocknungszeit für die Grundierung einkalkuliert werden. Dafür handelt es sich aber auch um eine absolut zuverlässige Methode, um einen haftsicheren Untergrund zu erhalten.

2. Vorstreichen mit verdünnter Farbe

Eine weniger zeit- und arbeitsintensive Form der Grundierung ist genau genommen keine Grundierung. Dennoch hat sich das Vorstreichen mit stark verdünnter Farbe in der Praxis als gängige Methode durchgesetzt. Hierbei wird auf eine Vorbehandlung der Gipsplatten verzichtet und sogleich der Erstanstrich mit der gewünschten Farbe durchgeführt – allerdings wird letztere zuvor mit 10–20 Prozent Wasseranteil verdünnt. Dank des hohen Wassergehalts kann die Farbe selbst auf unbehandeltem Gipskarton gleichmäßiger auftrocknen, ohne dabei vorzeitig auszutrocknen.

Der Zweitanstrich und ein eventueller Drittanstrich werden dann jeweils mit normaler Farbe deckend ausgeführt. Zusätzliches Werkzeug ist nicht erforderlich. Die Malerrolle reicht aus. Diese Möglichkeit, Gipskarton zu „grundieren", ist sicherlich die günstigste Variante und funktioniert bei reinen Gipskartonflächen recht zuverlässig. Der entscheidende Nachteil liegt jedoch darin, dass zu keinem Zeitpunkt eine wirkliche Grundierung stattfindet. Voneinander abweichendes Saugverhalten ist so nur schwer auszugleichen, so dass Mischmauerwerk bei dieser Methode außen vor bleibt.

3. Trockenbaufarbe verwenden

Eine jüngere Innovation unter den Hilfsmitteln, um Gipskarton zu grundieren, repräsentiert die Trockenbaufarbe. Dieses Produkt wurde speziell auf den Einsatz an nicht vorbehandelten Gipskartonflächen zugeschnitten und vereint Grundierung und Farbe in einem Anstrich. Auch hier erfüllt also der Erstanstrich zugleich die Aufgabe der Vorbehandlung, nur dass während des Streichens tatsächlich eine Grundierung erfolgt. Trockenbaufarbe verspricht folglich eine maximale Zeitersparnis bei einem rundum soliden Ergebnis.

Viele Wege führen zum Ziel. Alle drei oben genannten Methoden bieten gute Resultate, sofern die jeweiligen Einschränkungen im Auge behalten werden.

Welches Verfahren letztlich gewählt wird, hängt auch von den Anforderungen der Arbeitsumgebung ab. Ganz grundsätzlich sollte aber auf eine Vorbehandlung der Gipskartonflächen nicht verzichtet werden.

Auch wenn es zu Beginn vielleicht noch den Anschein macht, als ob ein Direktanstrich mit einfacher Farbe genauso gut funktioniert, werden sich in absehbarer Zeit die bösen Folgen zeigen. Verfärbungen, Farbrisse und Gilbflecken treten erst dann zutage, wenn die Arbeiten eigentlich schon lange abgeschlossen sind und das Material bereits beseitigt wurde. So bliebe nichts anderes, als die Baustelle noch einmal ganz neu zu eröffnen.

Und wer will schon diesen Mehraufwand und die Mehrkosten?

– Wände farbig oder weiß streichen

Eine Wand weiß zu streichen, ist das eine. Aber was, wenn Wände mehrfarbig gestrichen werden sollen? Geht das dann genau gleich oder worauf muss dabei geachtet werden? Wie können nur ausgesuchte Wände bunt werden, während die anderen weiß bleiben? Wie sich Wände farbig streichen lassen und noch viel meh,r verrät dieser Artikel anhand der Projektidee, ein Zimmer zu streichen.

Das Zimmer ist vorbereitet: Wand und Decke sind weiß, und die Dachschräge glänzt bereits in pastellartigem Gelb. Nun soll es daran gehen, die Wände farbig zu streichen.

Das Projekt „Wände farbig streichen" zeigt, wie an bereits gestrichenen Wänden nahtlos angearbeitet wird, damit Decke und andersfarbige Wände nicht auch etwas von der neuen Farbe abbekommen.

– Werkzeug und Material

Der Bedarf an Werkzeug und Material gibt sich beim Streichen von Wänden generell genügsam. So werden ein Pinsel, eine Farbwalze samt Teleskopstange, ein Abstreifgitter, ein Arbeitseimer, aber auch eine Bohrmaschine und ein Rührstab zum Aufrühren gebraucht.

Aufgrund der Raumhöhe kann hier trotz Teleskopstange nicht auf eine Leiter verzichtet werden.

An Material wird bei diesem Projekt nur mehr die Wandfarbe benötigt. Auf das Malerkrepp kann bereits verzichtet werden, denn was abgeklebt werden musste, ist zu diesem Zeitpunkt schon abgeklebt. Bei bereits bewohnten Räumen sind Malerkrepp, Abdeckfolie und Malerfilz aber in aller Regel unvermeidlich.

Vor der Verwendung wird die Farbe mit der Bohrmaschine und dem Rührstab einmal gut aufgerührt.

– Ecken der an den Boden grenzenden Wandflächen vorstreichen

Wie beim Streichen üblich werden zuerst die Ecken, Kanten und Ränder vorgestrichen. Wie aber kann eine saubere Ecke zu denjenigen Wänden hin gestrichen werden, die nicht in derselben

Farbe gestrichen werden sollen bzw. weiß bleiben müssen? Das gelingt mit einem Pinsel und einer ruhigen Hand. Der Pinsel wird dazu mit einigen Zentimetern Abstand nahe der Ecke angesetzt und mit den Borsten langsam ins Eck gestrichen. Natürlich kann die Ecke auch abgeklebt werden. Das erfordert aber nicht nur mehr Zeit, das Ergebnis wird am Ende auch nicht überzeugen. Erfahrungsgemäß wird dann nämlich beim Streichen nicht mehr so viel achtgegeben.

Die an den Boden grenzende Wandfläche wird mit der kleinen Farbwalze vorgestrichen. Wichtig ist, dass der Bügel dabei nach unten zeigt. Denn dann kann dieser als Abstandshalter verwendet werden, und die Walze selbst bleibt in jedem Fall sauber.

– Ecke zur Decke, Schalter und Stecker vorstreichen

Bei der Ecke zur Decke wird es schwierig. Denn die Dachschräge macht das Vorstreichen nahezu unmöglich. Abkleben funktioniert leider auch nicht so richtig. Abhilfe schafft am Ende nur ein kleiner Trick: Die Farbe wird so weit verdünnt, dass sie sich mit dem Pinsel schöner verarbeiten lässt. Die Deckkraft darf aber nicht vernachlässigt werden. Eventuell ist hier noch ein zweites Mal Vorstreichen vonnöten. Ist der Deckenanschluss geschafft, können auch die Steckdosen und Schalter vorgestrichen werden. Vorstreichen bedeutet hier, dass rund um die Schalter gestrichen wird und nicht über die Schalter hinweg.

Achtung: Auch Farbe leitet Strom! Das kann gerade auf der Leiter zu bösen Unfällen führen!

– Wände farbig streichen

Ist das Vorstreichen abgeschlossen, lassen sich endlich die Wände farbig streichen. Die Farbe wird satt aufgetragen und in Bahnen gleichmäßig verteilt. Dazu wird die Walze mit gleichbleibendem Druck mehrmals von oben nach unten über die gedachte Bahn geführt.

Gearbeitet wird dabei immer nass in nass, denn das vermeidet zum einen unschöne Ränder der Walze und sichert zum anderen eine einheitliche Struktur. Die Walze wird beim Streichen aber nicht unnötig leer gerollt – es ist immer für eine ausreichende Füllung der Farbrolle zu sorgen, denn sonst würde dies das Ergebnis unvorteilhaft beeinflussen.

Beim Streichen ebenfalls aufgepasst werden muss sowohl in Bodennähe als auch in der Nähe der Decke. Die Berührung beider Flächen sollte tunlichst vermieden werden!

Im Fall der Decke soll diese natürlich auch nach dem farbigen Streichen in reinem Weiß erstrahlen. Beim Kontakt der Walze mit dem Boden allerdings würde der Schmutz, den die Walze dabei aufnimmt, unweigerlich auf die Wand übertragen werden.

Auf die oben beschriebene Art und Weise werden nun die großen Flächen Stück für Stück gestrichen. Und werden dabei alle hier genannten Punkte beachtet, wird das Projekt „Wände farbig streichen" garantiert gelingen!

7.8 Fertiginstallationen

7.8.1 Sanitär

Nach den Fliesen- bzw. Naturstein- oder Mosaikarbeiten sowie dem Maler und Schreiner erfolgt nun die Fertigmontage des Sanitärinstallateurs.

Es werden alle Armaturen an den Wasserleitungen von Wanne, Dusche und Waschbecken angebracht. Die Ablaufgarnituren der Waschbecken werden befestigt und die WCs werden mit Drückergarnitur und WC-Deckel eingebaut. Auch vorhandene Bidets werden angeschlossen.

Eventuell werden noch Handtuchhalter, Halter für Zahnputzbecher und WC-Papierhalterungen sowie Ablagen aus Chromstahl angebracht.

7.8.2 Elektro

Ebenfalls werden die Deckel für Steckdosen und Lichtschalter montiert. Die Sauna wird angeschlossen und auf ihre Funktionalität überprüft. Die Beleuchtung wird ebenfalls in Betrieb genommen.

7.8.3 Dauerelastische Verfugung

Zwischen Bauteilen bzw. Materialien mit unterschiedlichen Ausdehnungseigenschaften müssen Bewegungs- bzw. Dehnungsfugen angelegt werden, damit sich keine Risse bilden.

Dauerelastische Silikonfugen sorgen dafür, dass an den Übergängen, z. B. zwischen Wand und Boden oder um Waschbecken, Badewanne oder Dusche, die Bewegungen verschiedener Bauteile aufgenommen werden.

Eine dauerelastische Fuge oder Silikonfuge an den Übergängen von Badewanne bzw. Dusche zur anliegenden Wand bzw. zwischen Wandecken ist eine Wartungsfuge und entgegen vielfältiger Meinung nicht dicht!

Nachfolgend erfahren Sie, wie Sie Schritt für Schritt eine gute Silikonfuge ziehen bzw. eine alte Fuge erneuern. Denn diese Arbeit können selbst ungeübte Heimwerker sehr gut selbst erledigen – Sie brauchen lediglich das richtige Werkzeug und ein wenig Geschick. Die benötigten Materialien kosten nicht viel und sind schnell eingekauft – vieles haben Sie wahrscheinlich ohnehin im Haushalt als „Bordwerkzeug" vorrätig.

Am Ende des Artikels stellen wir Ihnen außerdem verschiedene Silikonarten und ihre Eigenschaften vor, damit Sie beim Materialeinkauf nicht den Überblick verlieren. Silikonfugen ziehen wie ein Profi – diese Werkzeuge und Materialien brauchen Sie:

» Silikon-Kartuschenpistole (Kartuschenpresse)
» Sprühflasche

» eine kleine Schüssel oder einen kleinen Kessel
» Wasser und Spülmittel Fugenwerkzeug (am besten ein Set kleiner Fugenglätter aus Spezialkunststoff, mit denen Sie verschiedene Fugenformen ganz einfach hinbekommen)
» Zeitungspapier, alte Lappen oder Küchenkrepp (zum Ablegen der Werkzeuge, Säubern des Abziehers etc.)
» Gegebenenfalls Malerkrepp/Abklebeband zum Abkleben der Ränder
» Teppichmesser (Cutter), scharfes Küchenmesser oder Silikonschneider
» Silikonentferner (gibt's in jedem Baumarkt)
» Silikonfugen richtig ziehen

In 8 Schritten zur perfekten Fuge

Zwischen Bauteilen bzw. Materialien mit unterschiedlichen Ausdehnungseigenschaften müssen Bewegungs- bzw. Dehnungsfugen angelegt werden, damit sich keine Risse bilden.

Dauerelastische Silikonfugen sorgen dafür, dass an den Übergängen, z. B. zwischen Wand und Boden oder um Waschbecken, Badewanne oder Dusche, alles „beweglich bleibt". Sie erfahren, wie Sie Schritt für Schritt eine gute Silikonfuge ziehen bzw. eine alte Fuge erneuern. Denn diese Arbeit können selbst ungeübte Heimwerker sehr gut selbst erledigen – Sie brauchen lediglich das richtige Werkzeug und ein wenig Geschick. Die benötigten Materialien kosten nicht viel und sind schnell eingekauft – vieles haben Sie wahrscheinlich ohnehin im Haushalt als „Bordwerkzeug" vorrätig.

Hinweis: Viele Profis können Silikonfugen nur mit dem Finger perfekt glätten. Der Nachteil dieser Methode ist jedoch, dass die Fugen dabei oft konkav werden, so dass sich Wasser darin sammeln kann. Mit dem Fugenwerkzeug gelingen Ihnen dagegen schön abgeschrägte oder gewölbte Fugen, von denen die Feuchtigkeit später gut abläuft.

Schritt 1:
Fugen reinigen

Wenn die Stelle zum ersten Mal verfugt werden soll, muss die Fuge nur sauber und trocken sein. Es reicht also, mit Bürste, Staubsauger und Lappen Staub und lose Teile zu entfernen. Soll eine alte Fuge erneuert werden, entfernen Sie zunächst das alte Silikon. Die Grobarbeit erledigen Sie mit dem Cutter und den Händen – mit ein wenig Glück lässt sich das Fugenmaterial nach dem ersten Anlösen wie eine Gummiwurst herausziehen. Die Reste bekommen Sie mit dem Silikonentferner weg, doch Vorsicht: Das Zeug ist giftig, also nur nach Herstelleranweisung verwenden, Handschuhe tragen und gut lüften!

Wenn alle Silikonrückstände entfernt sind, reinigen Sie das Fugenbett gründlich mit einer kleinen Bürste (z. B. alte Zahnbürste), Spülmittel und Wasser. Um auch Keime und Schimmelsporen zuverlässig abzutöten, können Sie mit Reinigungsalkohol nachbehandeln, der rückstandslos verdunstet. Anschließend alles gut trocknen lassen.

Schritt 2:
Fugenränder abkleben

Das ist vor allem dann sinnvoll, wenn Sie im Fugenziehen wenig oder gar keine Routine haben. Doch es gibt auch genug Profis, die vor dem Fugenziehen immer erst mal abkleben. Mit dem Klebeband definieren Sie die Fugenränder, sorgen für gleichmäßige Verläufe und verhindern, dass auf den umliegenden Flächen (z. B. dem Wannenrand oder den Kacheln) Schmierfilme entstehen, die Sie extra entfernen müssen. Kleben Sie lieber ein wenig breiter ab als zu schmal: Die Fuge muss an harten Kanten (z. B. Kachelrändern) nicht unbedingt bündig anschließen, sondern darf ruhig ein wenig darüber hinausgehen.

Schritt 3:
Silikonkartusche und Kartuschenpresse (Silikonspritze) vorbereiten

Schneiden Sie die Spitze der Silikonkartusche so weit ab, dass die Kartusche offen ist und das kleine Kunststoffgewinde intakt bleibt. Dann schrauben Sie die mitgelieferte Spitze auf – wenn der kleine Halter Sie stört, schneiden Sie ihn einfach weg. Die Öffnung der Anschraubspitze ist für eine normalbreite Fuge zu klein, darum müssen Sie sie durch einen weiteren Schnitt anpassen. Am besten schneiden Sie sie in einem 45-Grad-Winkel schräg ab.

Schritt 4:
Silikonkartusche in die Kartuschenpresse einlegen

Legen Sie zuerst die Spitze in den vorderen Teil der Kartuschenpresse ein und anschließend die gesamte Kartusche. Jetzt können Sie durch Betätigen (Pumpen) des Griffs am hinteren Ende der Presse Druck geben und auch die Spitze bis zur Öffnung mit Material füllen. Mit dem Lösemechanismus der Presse können Sie den Druck wieder wegnehmen und den Materialfluss stoppen. Jetzt ist Ihre Kartuschenpresse einsatzbereit.

Schritt 5:
Silikonfuge ziehen

Setzen Sie die vorbereitete Presse ungefähr im 45-Grad-Winkel an, geben Sie Druck und ziehen Sie mit einer möglichst gleichmäßigen Bewegung die Silikonfuge ein. Mit Abzugsgriff und Lösemechanismus können Sie gut kontrollieren, wie viel Silikon wie schnell aus der Öffnung kommt. Nicht in Hektik geraten und die Presse wegnehmen, wenn zu viel kommt, sondern Druck regulieren und einfach weitermachen. Wichtig ist, die gesamte Fuge gut zu füllen – um eventuelle Überstände kümmern Sie sich später.

Schritt 6
Silikonfuge mit Wasser-Spülmittel-Lösung einsprühen

Füllen Sie Wasser und ein paar Spritzer Spülmittel in die Sprühflasche und besprühen Sie damit die Silikonfuge.

Schritt 7:
Silikonfuge abziehen und glätten

Mit dem Fugenwerkzeug ziehen Sie die Silikonfuge gleichmäßig
ab. Überschüssiges Silikon streichen Sie an Zeitungspapier oder
mit fusselfreiem Küchentuch vom Werkzeug ab. Aber nicht mit
Papier oder Lappen an der Fuge selbst herumwischen! Feinar-
beiten können Sie nachher noch mit dem Finger erledigen: In
ein Schüsselchen mit Wasser-Spülmittel-Lösung tauchen und
dann sanft über die Fuge streichen. Nicht drücken, kneten oder
kratzen: Das gibt meistens nur Sauerei, und im schlimmsten
Fall arbeiten Sie damit Wasser und Spülmittel ins Silikon ein
und ruinieren deren Haltbarkeit.

Schritt 8:
Silikonfuge finalisieren

Nach dem Ziehen der Silikonfuge warten Sie die vom Hersteller angegebene Trocknungszeit ab. Rühren Sie die Fuge so lange nicht an, auch nicht das Klebeband, falls Sie die Ränder abgeklebt haben. Erst wenn das Silikon getrocknet ist, darf es
mit Wasser in Berührung kommen, belastet oder nachbearbei-
tet werden. Ist der Dichtstoff ausgehärtet (ganz hart wird das
elastische Silikon natürlich nicht), entfernen Sie das Klebeband
und versäubern, falls nötig, die Ränder mit dem Cutter oder einer Abziehklinge.

– Welches Silikon für welche Fuge?

Silikone werden in Nassbereichen und stärker feuchtebelasteten Räumen (z. B. Bad und Küche) zur Dichtung und Fugenabdeckung verwendet. Sie kommen aber auch als Klebstoffe zum Einsatz, etwa beim Metall- und Holzbau, beim Montieren von Türschwellen, Arbeitsplatten, Fenstern und vielem mehr.

Selbst in kleinen Baumärkten gibt es meist mehrere Sorten Silikon für verschiedene Anwendungsbereiche. Hier ist ein kleiner Überblick über die Eigenschaften und Vorteile unterschiedlicher Silikonarten:

– Essigvernetzendes Silikon (Acetatsystem)

Essigvernetzende Silikone erkennen Sie sofort an ihrem scharfen Essiggeruch. Und außerdem am Preis, denn essigvernetzendes Silikon ist fast immer das billigste. Um ganz sicherzugehen, lesen Sie einfach die Hinweise auf den günstigsten Kartuschen durch oder fragen Sie das Personal. Das intensive Essigaroma entsteht, weil das Material beim Aushärten Essigsäure abgibt. Die ist nicht schädlich für die Gesundheit, aber die entsprechenden Silikone sind wegen ihrer organischen Anteile anfälliger gegenüber Schimmel. Die Fugen müssen also besonders sorgfältig sauber und frei von stehendem Wasser gehalten werden. Außerdem greift Essigsäure Metalle (z. B. Chrom, Zink, Kupfer) und kalkhaltige Baustoffe wie Kalkputz, Marmor und manche Natursteine an. Geht die Fuge, die Sie ziehen wollen, an einem solchen Material nicht vorbei, sollten Sie kein essigvernetzendes Silikon verwenden.

– Neutralvernetzendes Silikon

Neutralvernetzende Silikone härten aus, ohne dabei Stoffe abzugeben, die stark riechen oder das Untergrund- oder Oberflächenmaterial angreifen können. Daher gelten sie als hochwertigere Silikone und sind in der Regel auch teurer. Wenn sich aufgrund von Feuchtigkeit und Staub Schimmelsporen darauf ansammeln, bieten sie dem Pilz ein wenig mehr Widerstand. Sie werden also nicht so schnell schwarz wie Fugen aus Billigsilikon.

– Spezialsilikone

Die Hersteller bieten eine Vielzahl von Spezialsilikonen an, die für bestimmte Einsatzgebiete optimiert sind. Sie können dem Acetat-, dem Oxim- oder einem anderen modernen System angehören. Mit einem Spezialsilikon können Sie auf Nummer sicher gehen, ohne lange nachdenken zu müssen.

Andererseits sind die Spezialprodukte meist deutlich teurer, obwohl die Beimischungen nicht unbedingt nötig sind.

Kapitel 8

FUNKTIONSPRÜFUNGEN

8.1 Elektrik

Die Erstprüfung der Installation ist ein MUSS in der Schweiz.

Personen mit einer abgeschlossenen Ausbildung als eidgenössisch diplomierter Elektroinstallateur (Elektromeister) oder als Elektrokontrolleur/Chefmonteur mit eidgenössischem Fachausweis dürfen elektrische Installationen kontrollieren. Zur Durchführung von Abnahme- oder periodischen Kontrollen ist zusätzlich eine Bewilligung als unabhängiges Kontrollorgan oder als akkreditierte Inspektionsstelle erforderlich. Wer an der Planung, Erstellung, Änderung oder Instandstellung von Installationen beteiligt war, darf weder mit der unabhängigen Abnahmekontrolle noch mit der periodischen Kontrolle beauftragt werden.

In der Schweiz sind seit einigen Jahren entsprechende Sicherheitsbestimmungen in Kraft, die spezifische Erstprüfungen bei Neuinstallationen wie auch Abnahmekontrollen und Wiederholungsprüfungen genau festlegen bzw. fordern. Es müssen dabei verschiedene Messungen zum Schutz gegen Sach- und Personenschaden vorgenommen und, mittels Unterschrift des ausführenden Fachmannes, belegt werden.

Die Prüfung umfasst folgende Arbeiten:

– Sichtkontrolle:

» Es müssen technische Unterlagen wie Beschriftungen, Brand-schutz, Raumart, Schutzarten etc. geprüft werden

Messungen:

» Isolationswiderstand pro Verteilung und Gruppe
» Schleifenimpedanz bzw. minimaler Kurzschlussstrom
» Auslöseprüfung von FI-Schutzeinrichtungen
» Niederohmwiderstand
» Netzspannung
» Drehfeld
» Fehlerspannung, Spannungsfall
» Funktionskontrolle
» Sicherungsgruppen
» Schaltgeräte
» Sicherheitseinrichtungen

8.1.1 Sanitär

Vor der Nutzung durch den Bauherren sind alle vom Sanitärin-stallateur eingebauten Leitungen bzw. Einbauten auf ihre Funtionalität und Dichtheit zu prüfen.

Leitungen, die unter eingebauten Obermaterial wie Fliesen, Naturstein oder Verputz liegen, sind vor deren Überbauung zu überprüfen, so zum Beispiel:

» Warmwasserleitungen
» Kaltwasserleitungen
» Abwasserleitungen

Folgende Einbauten müssen ebenfalls überprüft werden:

» Waschtisch
» Waschbecken
» Bidet
» Badewanne
» Dusche
» Armaturen
» Abflüsse
» WC Drückergarnitur
» WC Spülung

8.1.2 Heizung

Die eingebaute Fußbodenheizung muss auf ihre Funktionsfähigkeit geprüft werden. Dieser Schritt sollte allerdings erfolgen, wenn sie noch nicht mit anderen Materialien überbaut ist, damit man zum Beispiel bei Undichtheit ohne große Baumaßnahmen das Leck flicken kann.

8.2 Abnahme

Alle am Bau beteiligten Gewerke bzw. deren Arbeiten werden von der Bauherrschaft abgenommen. Bei der Abnahme des Bades/Wellnessbereiches sollte der Bauherr äußerst pingelig sein. Am besten ist es, zur Abnahme einen neutralen Zeugen (z. B. Handwerker, Architekten, Sachverständigen) mitzubringen, der im Idealfall auch etwas vom Bauen versteht.

Außerdem benötigen Sie Zollstock (Meter), Wasserwaage, Taschenlampe, Baupläne, Bauzeichnungen, Bauleistungsbeschreibungen inklusive der notierten Sonderwünsche und ein Abnahmeprotokoll.

Wenn ein Bauabschnitt vollendet wurde oder spätestens, wenn das Objekt fertig ist, ergibt sich eine scheinbar einfache

Frage: Hat der Bauträger oder Handwerker geliefert, was im Bauvertrag oder in diversen Nachträgen vereinbart wurde? Genau das wird bei der Bauabnahme festgestellt. Was harmlos klingt, ist für den Bauherrn ein bedeutender juristischer Schritt, der ihn in die Verantwortung nimmt. Deswegen ist bei der Bauabnahme größte Sorgfalt geboten.

Sobald ein Bau im vereinbarten Zustand ist, folgt die Bauabnahme oder die Übergabe. Ein großer Moment, folgt doch im Idealfall die Schlüsselübergabe und der Bauherr kann den Raum nutzen.

Die Bauabnahme markiert aber nicht nur das Ende der Bauphase, sie hat auch weitreichende juristische Folgen. Deswegen ist es unbedingt empfehlenswert, die Bauabnahme ernst zu nehmen und am besten einen unabhängigen Bausachverständigen zu engagieren, der sie begleitet. Architekten oder Sachverständige bieten Ihnen gern ihre Hilfe an. Das kostet zwar ein paar Franken, doch ein Mangel, den der Bauherr übersieht, kann deutlich teurer werden.

8.2.1 Der Zeitpunkt der Bauabnahme

In der Regel teilt die Baufirma bzw. der jeweilige Handwerker dem Kunden mündlich oder schriftlich mit, dass das Objekt übergeben werden kann. Nun hat der Bauherr üblicherweise 14 Tage Zeit, zu reagieren und einen Termin auszumachen. Aufschub gibt es nur dann, wenn der Bauherr einen Mangel anmeldet. Er muss sich nicht auf eine Übergabe einlassen, wenn nicht alle vereinbarten Leistungen erbracht wurden.

8.2.2 Worauf Bauherren bei der Bauabnahme achten sollten

Die wichtigste Frage bei der Bauabnahme: Wurden alle vereinbarten Leistungen erbracht?

Die Bauabnahme ist eine gemeinsame Begehung der ehemaligen Baustelle, bei der alle Leistungen überprüft werden und der Bauherr im Umgang mit beispielsweise der Heizung oder den elektrischen Einbauten geschult wird. Besonders wichtig ist dabei das Anfertigen eines Abnahmeprotokolls. Darin werden alle vorgefundenen Mängel möglichst genau beschrieben. Mehrere beweiskräftige Fotos runden die Bestandsaufnahme ab. Auch alle Leistungen, die noch nicht erbracht wurden, müssen aufgenommen werden. Falls der Bauherr keinen Sachverständigen engagiert hat, sollte er auch Dinge aufnehmen, bei denen er einen Mangel vermutet. Dann kann er im Nachhinein noch einen Sachverständigen engagieren und das Haus überprüfen lassen.

ACHTUNG: Einige Leistungen lassen sich gar nicht prüfen. Beispielsweise, ob die Heizung richtig oder die Elektrik fachgerecht installiert wurden. Sind alle Leitungen dicht? Wie sieht es mit der Abdichtung unter dem Plattenbelag aus? Im Optimalfall sollte die Baustelle deswegen schon vorher immer wieder kontrolliert werden.

8.2.3 Wenn Mängel auftreten

Ein offensichtlicher Mangel: Kabel ragen aus der Wand oder der Putz ist beschädigt. Wenn bei der Übergabe Mängel auftreten, müssen diese dokumentiert und dann gemeldet werden.

Der Ansprechpartner ist normalerweise die Baufirma, der entsprechende Handwerker oder der Architekt, auch wenn diese einzelne Leistungen an Subunternehmer vergeben haben. Die Baufirma oder der Architekt muss sich dann darum kümmern, dass der Mangel behoben wird – und zwar innerhalb einer Frist.

Für diese Frist gibt es gesetzliche Vorgaben. Sie sollte angemessen sein und hängt natürlich mit den auszuführenden Arbeiten zusammen. Sollen neue Fenster eingebaut werden, braucht das weniger Zeit als der Austausch der Fußbodenheizung. Egal, ob ein Mangel erst bei der Bauabnahme oder zu einem anderen Zeitpunkt entdeckt wird – dieser Artikel erklärt, wie Bauherren vorgehen sollten.

8.2.4 Mängelrüge und Mängelbeseitigung

– So wehren sich Bauherren gegen Pfusch

Beweisverfahren: In seltenen Fällen gibt es keinen eindeutigen Ansprechpartner. Zum Beispiel, wenn ein Bauherr die Arbeiten einzeln vergeben hat und sich verschiedene Handwerker und der Architekt gegenseitig die Schuld zuweisen. Dann muss höchstwahrscheinlich ein Gericht klären, wer für den Schaden aufkommt – was eine Weile dauern kann. Deswegen sollten Bauherren mit der Hilfe eines Anwalts ein sogenanntes Beweisverfahren anstreben, bei dem ein Sachverständigengutachten erstellt wird, das später auch vom Gericht anerkannt wird. Gibt es nur ein normales Gutachten ohne Beweisverfahren, kann es angefochten werden und das Gericht beauftragt ein neues Gutachten. Das kostet Zeit, ist teuer und im schlimmsten Fall lässt sich der Schaden nicht mehr nachvollziehen. Auch in anderen Fällen kann ein Mangel vor Gericht landen. Immer, wenn sich das abzeichnet, kann ein Beweisverfahren eine geeignete Maßnahme sein.

8.2.5 Das muss ins Abnahmeprotokoll

Alle Mängel sollten in ein Abnahmeprotokoll aufgenommen werden – und noch einige weitere Daten. Üblicherweise bereitet der Handwerker oder Architekt die Übergabe vor und bringt auch das Abnahmeprotokoll mit. Es handelt sich dabei aber um kein bestimmtes Formular. Es kann also sogar ein handschriftliches Dokument sein.

Allerdings sollten folgende Infos aufgeführt sein:

» Teilnehmer der Baubegehung
» Datum und Ort der Bauabnahme
» Name des Bauherrn
» Adresse der Baustelle
» Auftragsnummer und Datum des Bauvertrages
» Benennung der abzunehmenden Leistung
» Datum, Beginn und Fertigstellung der Bauleistung
» Auflistung aller Mängel (sowohl neue als auch bekannte, noch nicht behobene Mängel)
» Dinge, die als Mangel empfunden werden
» Einvernehmliche Vereinbarung eines zweiten Termins zur Bauabnahme, bis zu dem alle Mängel beseitigt sind
» Auftraggeber behält sich seine Rechte wegen der festgestellten Mängel vor
» Der Auftraggeber behält sich seine Rechte wegen der verwirkten Vertragsstrafe vor
» Dieses Dokument wird dann unterschrieben und kommt keiner Bauabnahme gleich

Nach der Bauabnahme

» Ein Termin zur Abnahme muss nicht mit der tatsächlichen Übergabe enden. Treten Mängel auf, wird die Abnahme möglicherweise bis zur vereinbarten Frist verschoben.

Wirklich abgenommen ist ein Haus erst, wenn der Auftraggeber dies mit seiner Unterschrift bestätigt. Und genau das sollte der Bauherr keinesfalls zu früh tun, denn eine abgeschlossene Bauabnahme hat für ihn einige Folgen:

Je nach Vereinbarung muss nun die erbrachte Leistung bezahlt werden. Das kann die gesamte Summe sein oder die letzte Rate.

Der Gewährleistungszeitraum der Baufirma oder des Handwerkers beginnt. In diesem Zeitraum müssen Mängel, die innerhalb von fünf Jahren nach der Abnahme auftreten, die aber während der Abnahme aber nicht festgestellt werden konnten, behoben werden.

Die Beweislast liegt nun allerdings beim Eigentümer. Vor der Bauabnahme muss das Bauunternehmen beweisen, für einen Mangel nicht verantwortlich zu sein. Entdeckt der Bauherr nach der Abnahme einen Mangel, den er hätte entdecken können, muss er beweisen, dass der Ausführende dafür verantwortlich ist.

Der Gefahrenübergang bedeutet, dass der Eigentümer ab sofort das gesamte Risiko rund um das Haus allein trägt. Angenommen, ein schwerer Sturm beschädigt den Rohbau, dann muss vor Gefahrenübergang die Baufirma für die Reparaturen aufkommen. Nach der Hausübergabe ist das nicht mehr der Fall.

Mit der Abnahme hat die Baufirma ihren Auftrag erfüllt – und möglicherweise das vereinbarte Fertigstellungsdatum eingehalten. Muss sie in Wahrheit noch nachbessern, würden möglicherweise Vertragsstrafen fällig, falls der Termin nicht eingehalten werden kann.

ACHTUNG: Der Bauherr nimmt das Haus auch in folgenden Fällen ab:

» wenn er nach der Ankündigung der Bauabnahme nicht reagiert und die Frist verstreichen lässt
» wenn er in das Haus einzieht
» wenn er die Schlussrate überweist

Diese Handlungen können als schlüssiges Handeln angesehen werden, durch die der Eigentümer zeigt, dass die Bauphase aus seiner Sicht beendet ist.

– *Erst benutzen, wenn alles geklärt ist*

In den meisten Fällen läuft eine Bauabnahme ohne größere Probleme ab. Das heißt, der Bauherr oder der Sachverständige finden möglicherweise einige Mängel, dokumentieren diese und vereinbaren mit der Baufirma eine Frist. Innerhalb der Frist gibt es einen erneuten Termin, der Sachverständige ist zufrieden und das Haus kann übergeben werden. Erst dann sind Eigentümer auf der sicheren Seite und können in ihr neues Heim einziehen.

Kapitel 9

EINBAU SAUNA

9.0.1 Sauna für zu Hause – eine Heimsauna einbauen leicht erklärt

Ob als Sauna in Ihrem privaten Spa-Bereich im Einfamilienhaus oder als kompakte Infrarotkabine in der Stadtwohnung – für die Heimsauna sind die Zeiten des Kellerdaseins längst vorbei. Denn die neuen Exemplare sind viel zu schön, um sie zu verstecken.

In der dunklen Jahreszeit sind Saunen beliebter denn je – entsprechend viel werden diese auch genutzt.

Laut Statistik ist der Einbau von privaten Wellnessbereichen in den letzten Jahren sprunghaft angestiegen.

Warum auch eng gedrängt auf vollgeschwitzten Holzbänken in einer öffentlichen Sauna sitzen, wenn man sich zu Hause den Traum der eigenen Wellnessoase erfüllen kann? Moderne Saunen sind heutzutage nämlich keine wuchtigen Holzklötze mehr, die im Keller versteckt werden müssen. Eine moderne Heimsauna ist platzsparend, hochwertig und oft sogar von namhaften Designern entworfen. So wird sie immer öfter im Bad oder sogar sichtbar im Wohnbereich realisiert.

9.0.2 Der richtige Platz für die Sauna

Die Sauna zu Hause ist Ihre persönliche Wellness-Zone und ein Ort der Entspannung. Ein schönes Ambiente ist deshalb sehr wichtig – natürlich auch für ein Dampfbad oder die Wärmekabine.

Statt sie, wie früher zu verstecken, sollten Sie die Heimsauna daher inszenieren. Der große Vorteil: Wenn die Sauna nicht in der entferntesten Ecke des Hauses liegt, wird sie viel häufiger genutzt. In einem großen Badezimmer ist die Sauna daher genauso gut aufgehoben wie auf dem ausgebauten Dachboden, in einem ungenutzten Raum nahe des Schlafzimmers, im Wintergarten oder als Saunahaus im Garten selbst. Hauptsache, Dusche und Bad sind schnell zu erreichen und eine entsprechende Ruhezone findet auch noch Platz.

Besonders schön ist es, wenn man von der Saunaliege aus durch große Glasscheiben in den Garten schauen kann – oder sogar aus der Sauna selbst. Entsprechende Design-Saunen mit Glasfront gibt es von vielen Herstellern.

9.0.3 Ausziehbare Sauna

Beim Handel gibt es Minisaunen, die eingefahren 60 x 172 Zentimeter messen und kaum größer als ein Kleiderschrank sind. Sie brauchen nur ca. 20 Sekunden, um auf 160 Zentimeter Tiefe auszufahren. Das ist zwar nicht viel, passt aber dafür in die meisten Wohnungen und Bäder.

Da der 3,3-kW-Ofen beim Ausfahren aus seiner „Garage" mit herausfährt, ist die Stromleitung spiralisiert und flexibel. Auf den Steinen ist sogar ein Aufguss möglich, und der Ofen kommt bei den Kabinengrössen XS und S mit einem normalen Stromanschluss von 230 Volt aus.

9.0.4 Voraussetzungen für den Saunabau

Da die Hersteller immer stärker auf Design setzen, fügt eine Sauna zu Hause sich inzwischen problemlos in das Wohnambiente ein. Grundsätzlich kann eine Sauna in jedem Raum des Hauses aufgestellt werden. Beim Einbauen der Sauna gilt es aber dennoch, ein paar Bedingungen zu beachten.

1. Standort für die Sauna

Eine Sauna zu Hause benötigt verhältnismäßig viel Raum – auch wenn es inzwischen sehr platzsparende Modelle gibt. Außerdem werden Anschlüsse für Strom und Wasser benötigt. Sie sollten sich vorher also gründlich überlegen, wo der Einbau der Sauna wirklich Sinn macht. Grundsätzlich lässt sich schon sagen: Passt sie ins Bad, ist hier der perfekte Ort, da man mit einem Schritt unter der Dusche steht. Der Untergrund, auf dem die Sauna aufgestellt wird, muss glatt und vor allem wasserfest sein. Hierfür eignen sich am besten Fliesen.

2. Die richtige Belüftung

Eine hochwertige Sauna hat eine dampfdichte Isolierung. Durch das entstehende Schwitzwasser kann in dem Raum, in dem sich die Sauna befindet, aber erheblicher Schaden entstehen, sofern er nicht ausreichend belüftet werden kann. Fenster oder eine mechanische Belüftung sind deswegen ein Muss.

3. Abkühlung nach dem Saunagang

Bei jedem Saunagang wechseln sich Hitze und Abkühlung ab. Um den Körper unmittelbar nach der Sauna kalt abduschen zu können, sollte sich die Dusche deshalb in der Nähe befinden. Außerdem braucht der Körper nach der Sauna vor allem Sauerstoff – ein Zugang zur frischen Luft (z. B. durch eine Terrassentür) ist ebenfalls sinnvoll.

4. Ruhephasen einplanen

Um dem Körper nach dem Saunagang die nötige Entspannung zu gönnen, sollten Sie für bequeme Möbel wie Liegen oder Sofas sorgen.

5. Ofen und Anschluss für die Sauna

Die Saunagröße bestimmt die Ofenleistung. Für Minis mit bis zu vier Kubikmeter Volumen, also bis 1 x 2 x 2 Meter, genügt eine Leistung von 3,6 kW und eine normale Steckdose mit 230 Volt. In so ein Kästchen passen maximal zwei eng beieinander sitzende Personen, entspannter saunt es sich hier aber allein. Für alle größeren Modelle benötigt man mindestens 4,5 kW und damit einen Starkstromanschluss von 400 Volt.

Achtung Hobby-Handwerker: Den darf nur ein Fachmann verlegen! Es sind speziell ummantelte Kabel sowie Extra-Sicherungen notwendig, und die Buchse muss in ca. 2 Meter Höhe liegen, da der Ofen über die Decke der Sauna angeschlossen wird.

6. Heimsauna – Materialien und Umweltschutz

Der Zirbelkiefer mit ihren ätherischen Ölen werden antibakterielle und beruhigende Wirkungen nachgesagt. Sie ist ein tolles Saunaholz mit leicht rötlicher Färbung und duftet angenehm. Fichten, Hemlocktannen und Rot-Zedern harzen nicht, isolieren gut und sparen somit Strom.

Wer mit gutem Gewissen auf seiner hölzernen Saunabank entspannen will, der achtet beim Kauf der Sauna auf ein FSC-Siegel (Forest Stewardship Council): Holzprodukte mit diesem Zertifikat unterliegen von der Beschaffung des Rohstoffes bis hin zum Endkunden strengen Kontrollen. So kommt nur Tropenholz aus Plantagenanbau zum Einsatz.

7. Licht und Ausstattung

Wer nicht viel Schnickschnack will und sowieso die Augen schließt, ist mit Glühbirnen hinter Holz-Lampenschirmen gut bedient. Und wer auf die therapeutische Wirkung von Lichtfarben setzt, kann Farblichtmodule in die Decke einlassen. Sie erzeugen, ähnlich wie Nordlichter, wunderbare Szenarien mit weichen Übergängen von Farbe zu Farbe. Dabei soll Gelb beleben, Grün inspirieren, Blau beruhigen, Rot die Durchblutung und Violett das seelische Gleichgewicht fördern. Aber dann auch schön die Augen offen halten! Musik oder Wassergeplätscher liefern auf Wunsch Soundsysteme – und für alle, die auf bewegte Bilder nicht verzichten können, gibt es sogar saunataugliche Bildschirme. Wer Sauna und Salz kombiniert, tut dem Körper doppelt Gutes. Die Inhalation von Trockensalznebel kann entzündungshemmend und desinfizierend wirken und regt den Abtransport von Schleim und Schmutz aus den Atemwegen an.

8. Steuerung

Die Einstellung von Temperatur, digitaler Sanduhr und Timer über Bedienfelder ist heute Standard, wobei in einer Pause die Hitze zum Beispiel um 20 Grad reduziert und für den nächsten Gang wieder hochgefahren werden kann. Über die Apps der jeweiligen Anbieter lassen sich auch Aufgüsse, Lichter oder Türsensoren programmieren und von unterwegs bedienen. Herrlich, wenn bei Schneeregen im November bereits die Sauna läuft, wenn man nach Hause kommt.

9. Aufbau

Der Aufbau jeder Sauna differiert je nach Hersteller. Daher erhalten Sie an dieser Stelle keine detaillierte Anleitung. Bitte lesen Sie die mit der Sauna mitgelieferten Aufbauanleitungen durch und halten Sie sich beim Aufbau daran. Die Elektroanschlüsse sollten dringend vom Fachmann ausgeführt werden.

Kapitel 10

SAUNANUTZUNG

Besonders nach langen Arbeitstagen oder anstrengenden Sport-aktivitäten brauchen Sie dringend Ruhe und mal wieder etwas Zeit für sich. In Ihrer eigenen Sauna erhalten Sie beides: Angenehme Stille trifft hier auf eine wohltuende Wärme, die beim Entspannen hilft.

Ein Saunagang lockert Ihre Muskeln auf und vitalisiert Körper und Geist. Für die Verbesserung des eigenen Wohlbefindens ist ein ausgiebiger Saunabesuch also stets zu empfehlen: Sie kommen zur Ruhe, können Ihren stressigen Alltag vergessen und regenerieren gleichzeitig Ihre Kräfte. Deshalb ist eine Sauna förderlich für Ihre Gesundheit:

Eine Sauna bietet nicht nur eine entspannte Atmosphäre, die zum Ausruhen einlädt, sondern auch einen weiteren positiven Nebeneffekt: Von regelmäßigen Saunagängen profitiert vor allem Ihre Gesundheit.

» Sowohl der Kreislauf als auch die Durchblutung werden belebt und Ihr Immunsystem spürbar gestärkt.
» Durch die Stimulation des Körpers wird nebenbei sogar das Herz trainiert.
» Der Blutdruck wird kurzfristig gesteigert sowie der Stoffwechsel angeregt.

Härten Sie sich und Ihren Körper vorbeugend mit Saunabesuchen ab, denn mit der Stärkung des Immunsystems geht eine Stärkung Ihrer Abwehrkräfte einher, die vor allem durch den

Wechsel von Wärme und Kälte gefördert wird. Durch das regelmäßige Schwitzen werden Sie seltener krank und sind besser vor Erkältungen und Viren gewappnet.

10.0.1 Sauna und Körperpflege:

Eine Wohltat für die Haut

Ein weiterer, angenehmer Nebeneffekt eines Saunabesuches ist die intensive Unterstützung der Pflege Ihrer Haut. Die Haut wird gründlich gereinigt, spürbar weicher, aber gleichzeitig auch straffer. Davon profitieren besonders Personen mit eher trockener Haut, die nach dem Saunieren erheblich schneller Cremes und Lotionen aufnimmt. Durch die intensive Tiefenreinigung bieten sich Saunagänge auch für die Bekämpfung von Akne an.

10.0.2 Sauna-Arten

Welche Sauna ist die richtige für mich?

Moderne Saunen sind zu einem beliebten Wellnesstrend geworden, so dass Sie aus zahlreichen verschiedenen Modellen und Ausführungen auswählen können. Damit Sie einen Überblick über Ihre Möglichkeiten erhalten, stellen wir Ihnen hier die bekanntesten und beliebtesten Sauna Arten vor.

– Finnische Sauna

Die finnische Sauna ist die bekannteste Variante in unserem Land: Sie brachte den Trend erst ins Rollen. Dabei handelt es sich um die klassische Sauna in Form einer kleinen Holzhütte, die sich eigentlich immer anbietet und sich wohl auch am häufigsten finden lässt. Bei einer finnischen Sauna handelt es sich um eine sogenannte Massiv- oder auch Holzsauna, die haupt-

sächlich aus Holzbohlen besteht. Dadurch entsteht ein rusti-
kaler, typisch finnischer Look, der besonders gemütlich wirkt.
Mittlerweile gibt es finnische Saunen in verschiedenen, modernen Designs, die sich durch luxuriöse Details bewusst von den
klassischen Designs unterscheiden.

– Integrierte Sauna/Sauna im Innenbereich

Etwas extravaganter wird es, wenn Sie auf der Suche nach einer Sauna für den Innenbereich sind. Diese Innensaunen bieten
sich vor allem an, wenn Sie über keinen eigenen Garten oder Außenbereich zum Bauen einer Saunahütte verfügen. Innensaunen sind speziell auf den Bereich innerer Räume ausgerichtet.
Selbst bei eingeschränkten Platzverhältnissen lässt sich
hier eine optimale und individuelle Lösung finden. Besonders
ist hier auch das Design, denn dieses kann je nach Modell stark
variieren. So findet sich etwas für jeden Geschmack und jeden
Einrichtungsstil. Gegenüber Außensaunen bieten Innensaunen
auch die Möglichkeit, ein Design mit Glasfront zu wählen, das
einen freien Blick in den Innenraum der Sauna zulässt und den
Raum optisch vergrößert.

– Infrarotsauna

Mit einer Infrarotsauna sind Sie für den Innenbereich gut beraten, wenn Sie auf der Suche nach einer besonders platzspa-
renden Sauna sind. Eine Infrarotkabine braucht nicht viel Platz
und kann so auch in kleinen Räumen integriert werden. Ähnlich wie die herkömmlichen Innensaunen ist auch die Infrarotsauna mit Glasfront erhältlich.

Der prägnanteste Unterschied zur klassischen Variante liegt bei
der Infrarotsauna in der Wärmequelle. Wie es Ihnen schon der
Name verrät, wird eine Infrarotsauna mit Infrarotlampen erhitzt. Durch die Strahlung dieser Lampen entsteht die Wärme
nicht in der Luft, sondern erst auf einer Oberfläche. Das hat den

Vorteil, dass die Infrarotstrahlung direkt die Körperoberfläche erhitzt. So hat sich die Infrarotsauna zu einem echten Geheimtipp entwickelt, der viele Vorteile aufweist:

» Die Wärme zeigt eine sofortige Wirkung auf der Haut und dringt tief in den Körper ein, ohne die Luft der Kabine zu erhitzen.
» Durch diese Tiefenwärme können Verspannungen der Muskulatur ganz besonders gut gelindert werden.

10.0.3   Vor dem Sauna-Kauf

– Die richtige Planung und der passende Platz

Sie haben bereits eine favorisierte Sauna-Art gefunden und möchten am liebsten direkt mit Ihrem Wellnessprogramm loslegen. Bevor Sie sich endgültig zum Kauf entschließen, sollten Sie jedoch genau planen, damit Sie am Ende das optimale Ergebnis erhalten. Wir erklären Ihnen, worauf Sie vor dem Kauf einer Sauna besonders achten sollten und was schon im Vorfeld zu bedenken ist:

» Die Qualität der Sauna
» Der geeignete Platz für Ihre Sauna
» Die benötigten Anschlüsse
» Die optimale Saunagröße
» Das passende Saunadesign
» Das Saunazubehör
» Ein angemessener Preis

1. Besonders wichtig: Die Qualität der Sauna

Es gibt mehrere Qualitätsmerkmale, auf die Sie Ihr gewünschtes Modell überprüfen sollten:

» Stabilität und Stärke der Außenwände: Je stärker die Materialien für die Außenverkleidung ausfallen, desto besser ist die Qualität der Sauna. Achten Sie auf hochwertige Materialien und eine einwandfreie Verarbeitung.

» Hochwertige Fertigungsmaterialien sollten darüber hinaus frei von PEG sein, um keine Allergien hervorzurufen.

» FSC-zertifizierte Produkte garantieren eine kontrollierte Holzherkunft, die dem Umweltschutz dient.

» VDE-Prüfsiegel lassen einen besonders hohen Qualitätsstandard erkennen und stehen für eine sehr gute technische Ausstattung, die ohne Bedenken verwendet werden kann.

» Sicherheitstüren aus Glas zeugen von Qualität und sorgen für eine erhöhte – Sicherheit und sollten daher zur Ausstattung gehören.

» Sind Sitz- oder Liegeflächen aus Holz gefertigt, sollte dieses unbedingt hochwertig sowie splitterfrei sein.

» Achten Sie auf gute Wärmedämmwerte Ihrer gewünschten Sauna, so können Sie Energie einsparen.

2. Der geeignete Platz für Ihre Sauna

Ein besonders wichtiger Faktor auf Ihrer Checkliste ist der verfügbare Platz in Ihrer Wohnung.

Danach richtet sich nicht nur die Wahl einer Innensauna, sondern auch die des passenden Modells. Stimmen Sie vorher alle Maße genau ab und lassen Sie sich bei Unsicherheiten vorher von einem Fachmann beraten.

Durch langjährige Erfahrungen erkennen diese Spezialisten sofort einen geeigneten Platz für eine Sauna und informieren Sie über die Möglichkeiten in Ihren eigenen vier Wänden. Saunen sind natürlich auch in individuellen Maßanfertigungen erhältlich.

Bedenken Sie bei der Wahl des Platzes für Ihre Sauna, dass diese nicht nur in der Größe an den gewählten Platz passt, sondern auch optisch. Die optimale Lage sollte Ihnen beides bieten: optimale Raumnutzung und ein schönes Highlight. Unser Tipp:

Beachten Sie außerdem, ob die Dusche in der Nähe der Sauna ist und sorgen Sie so schon im Vorfeld für den optimalen Komfort nach dem Saunagang.

3. Nicht vergessen

Die benötigten Anschlüsse
Bei einer Sauna werden bestimmte Anschlüsse benötigt, um den Traum der eigenen Sauna umzusetzen. Von einer Fachkraft erhalten Sie dabei die nötige Hilfe und Beratung. Diese klärt Sie vorher darüber auf, was genau erforderlich ist. Je nach Gegebenheiten kann die Sauna natürlich auch individuell angepasst werden, so dass in jedem Fall eine optimale Lösung für die Lage der Anschlüsse gefunden wird.

4. Die optimale Größe der Saunakabine

Prüfen Sie genau, ob die von Ihnen angepeilte Grösse wirklich ausreicht. Damit Sie richtig entspannen können, ist es wichtig, dass Sie sich in Ihrer Sauna nicht eingeengt fühlen. Bei der Wahl der optimalen Saunagröße ist außerdem zu beachten, ob Sie ausschließlich allein saunieren möchten oder dies auch gerne in Gesellschaft von Familie oder Freunden tun. Achten Sie darauf, dass Sie sich frei bewegen können und bequem hinlegen können.

5. Die Auswahl des passenden Saunadesigns

Hier sind Ihrem Geschmack keine Grenzen gesetzt, aber achten Sie im Vorfeld des Kaufes darauf, dass sich das gewünschte Design optisch perfekt in Ihre Raumgestaltung integriert. Damit eine Sauna im Innenbereich optimal zur Wirkung kommt, sollte sie ein Design Highlight sein, das Ihren persönlichen Stil unterstreicht, aber dabei nicht zu sehr im Vordergrund steht.
Hier können Sie z. B. aus unterschiedlichen, stilvollen Glasfronten wählen, die besonders luxuriös und edel wirken. Natür-

liche Holzelemente treffen auf extravagante Details. Wenn Sie es typisch finnisch mögen, sind verschiedene klassische Holz-designs die richtige Wahl für Sie. Ob auffällig oder in der klassischen Holzoptik: Sie können eine Sauna ganz nach Ihrem Belieben auswählen.

6. Sauna kaufen

Was benötigen Sie an Zubehör?
Vor dem Kauf müssen Sie natürlich auch an das benötigte Zubehör denken, damit Sie Ihre neue Sauna angemessen nutzen können und keine Wünsche offenbleiben. Zu möglichen Sauna-zubehör zählen z. B. die unterschiedlichen Saunaöfen, Steuer-geräte und Feuchtesensoren, die Ihren Saunagang erst vollstän-dig machen. Natürlich finden Sie bei diversen Fachgeschäften eine breite Auswahl an hochwertigem Saunazubehör. Sie werden auch beraten, welcher Saunaofen sich bei Ihrem Wunsch-modell anbietet.

7. Angemessener Preis

Was kostet eine eigene Sauna?
Welcher Preis für eine eigene Sauna zu zahlen ist, lässt sich nicht allgemein beantworten. Der Preis richtet sich sowohl nach dem gewünschten Modell, den verwendeten Materialien, der Größe, mehr oder weniger luxuriösen Details und natürlich der Hochwertigkeit.
Natürlich hat eine gute Sauna ihren Preis, jedoch sollten Sie hier bedenken, dass eine Sauna eine Investition ist, die sowohl Ihr Haus als auch Ihren Garten enorm aufwertet. Sie investie-ren in Ihre Zukunft: Nicht nur der Wert Ihres Hauses steigt mit dem Einbau einer eigenen Sauna, sondern auch Ihr eigenes Wohl-befinden. Bei Maßanfertigungen besprechen Sie den jeweiligen Preis vorher in einem ausführlichen Beratungsgespräch. Diese Preise variieren ebenfalls je nach Größe, Design, Ausstattung und Aufwand bei der Maßanfertigung. Es wird eine Zeichnung

der Sauna nach Ihren Vorstellungen erstellt und nach Beauftragung wird die Sauna für Sie im Werk gefertigt.

Nach dem erfolgreichen Kauf

– Die Inbetriebnahme der Sauna:

Eine qualitativ hochwertige Sauna kommt von einem Spezialisten, der sich dadurch auszeichnet, dass auch für eine fachgerechte Installation und Inbetriebnahme der Sauna gesorgt ist. Wir empfehlen Ihnen ebenso, die Montage der Sauna ausschließlich von Fachpersonal durchführen zu lassen, so dass nichts mehr schiefgehen kann. Beim Fachhändler erhalten Sie den passenden Service.

Eine Sauna ist eine Investition, von der Sie lange etwas haben möchten, daher sollten Sie hier lieber sichergehen und auf die Erfahrung und das Wissen von Fachmännern vertrauen. Nach einer erfolgreichen Montage ist die einfach und leicht verständliche Inbetriebnahme Ihrer eigenen Sauna kein Problem mehr. Worauf Sie bei Ihrem Modell speziell achten müssen, erklärt Ihnen natürlich auch Ihr Fachmann und Ansprechpartner.

– Die Pflege

So reinigen und pflegen Sie Ihre Sauna

Bei regelmäßigen Saunagängen entstehen mit der Zeit immer mal wieder Kalk- und Wasserrückstände am Saunaofen sowie leichte Gebrauchsspuren. Bei einer hochwertigen Sauna lassen sich diese natürlich ohne große Mühe entfernen, da die verwendeten Materialien leicht zu reinigen sind. Dafür nutzen Sie beim Saunaofen am besten eine Bürste und für Sitz- und Liegeflächen ein Putztuch bzw. einen Lappen, den Sie vorher anfeuchten.

Auf Holzflächen lassen sich stärkere, hartnäckige Verschmutzungen mit einem leichten Schmirgelpapier entfernen. Verzichten Sie in jedem Fall auf einen starken Wassereinsatz, sei es durch Hochdruckreiniger oder Wasserschläuche, denn so wird das empfindliche Holz der Saunen schnell beschädigt. Hier ist Vorsicht geboten, denn diese Beschädigung führt nicht selten zum frühzeitigen Ende Ihres Garantieanspruches.

Zur Pflege Ihrer eigenen Sauna zählt außerdem die wöchentliche Kontrolle auf eventuelle Schäden oder gelöste Schrauben und ähnliche Vorkommnisse.

Diese sollten so schnell wie möglich bereinigt oder repariert werden, so dass Sie lange etwas von Ihrer Sauna haben und niemand zu Schaden kommt.

Endlich kann es losgehen: Nützliche Tipps vor dem ersten Saunagang

» Betreten Sie die Sauna stets im Trockenen, damit Sie nicht ausrutschen.

» Ihre Haare können feucht sein und eine aufgetragene Haarkur zieht in der Sauna optimal ein. Sie wird durch die Wärme besonders gut von den Haaren aufgenommen.

» Achten Sie darauf, dass Sie körperlich fit sind. Bei Unsicherheiten und Krankheiten empfiehlt es sich in jedem Fall, vorher einen Arzt um Rat zu fragen.

» Betreten Sie die Sauna weder mit sehr vollem noch mit einem sehr leeren Magen.

» Für die Hygiene empfehlen sich Handtücher und Badeschuhe.

» Kühlen Sie sich nach dem Saunagang ausreichend ab, ruhen Sie sich noch ein paar Minuten aus und trinken Sie etwas Wasser.

Nun haben Sie einen nützlichen Überblick und Wegweiser zum Kauf bzw. Einbau Ihrer eigenen Sauna erhalten, haben aber möglicherweise noch spezielle Fragen zu Ihrem Wunschmodell oder Ihren individuellen Gegebenheiten. Gerne werden Sie in diesem Fall beim Saunafachhändler beraten. Wir empfehlen Ihnen dafür ein persönliches Beratungsgespräch.

Der Autor

Radulf Simon, geboren 1960 in Thüringen, hat sein
Handwerk von der Pike auf gelernt. Er absolvierte
eine Lehre als Fliesen-, Platten- und Mosaikleger
und bildete sich zum Fliesenlegermeister weiter.
Nachdem er fast zwei Jahrzehnte lang als Ge-
schäftsführer in mehreren Unternehmen gearbeitet
hatte, machte er sich 2018 mit einer Fliesenleger-
firma selbstständig. Außerdem ist er Gutachter des
Fliesenhandwerks. Radulf Simon spielte viele Jahre
lang erfolgreich Fußball, er fährt Rad und Motor-
rad. Außerdem gilt sein Interesse dem Lesen und
der Ahnenforschung. Inzwischen lebt Simon in der
Schweiz, im Kanton Luzern.

novum VERLAG FÜR NEUAUTOREN

Der Verlag

Wer aufhört besser zu werden, hat aufgehört gut zu sein!

Basierend auf diesem Motto ist es dem novum Verlag ein Anliegen neue Manuskripte aufzuspüren, zu veröffentlichen und deren Autoren langfristig zu fördern. Mittlerweile gilt der 1997 gegründete und mehrfach prämierte Verlag als Spezialist für Neuautoren in Deutschland, Österreich und der Schweiz.

Für jedes neue Manuskript wird innerhalb weniger Wochen eine kostenfreie, unverbindliche Lektorats-Prüfung erstellt.

Weitere Informationen zum Verlag und seinen Büchern finden Sie im Internet unter:

w w w . n o v u m v e r l a g . c o m